JN090363

いいとこ探しは魔法の言葉

―園長の問わず語り―

川合　正　著

銀の鈴社

まえがき

長かったステイホーム、やっと六月二日が入園式。二〇二〇年度は、散々な保育活動の始まりでした。新入園児にとって親と離れての幼稚園生活が始まります。涙目で「ママは？」と探している子。ママがいないのに気づき、泣き出してしまう子。一生懸命我慢している子。様々な表情が見られました。でも、帰る頃には、ほとんどのお友だちが、仲間と共に笑顔になっていました。社会生活の第一歩を踏み出したのですね。

保育参観・懇談会、諸行事の多くも中止となり保護者にとっても子どもと離れて不安な日々が続きます。そのような中、家庭と園を結ぶ「窓」として〝Google Classroom〟を開設し、日常の園での保育の様子を動画や写真で配信するとともに保護者の子育て支援の目的で「園長の問わず語り」を連載していくことになりました。

保護者からは、

・毎回、楽しみにしておりました。とても勉強になり、また添付の写真も参観が出来ない状況でしたので、とても嬉しかったです。

・毎回楽しみに拝見しておりました。子育てのお守りにさせて頂きます。

・園長先生の問わず語りは、毎回娘と共に楽しく拝見しておりました。今後も子育ての道しるべとして、何かの折に振り返りたいと思っております。

・クラスルームが更新されることをいつも楽しみにしておりました。文章、写真、映像等ありがとうございました。

・問わず語り、とても参考になることも多くよく読み返しておりました。成長の過程で悩むこともあったときにまた参考に思い返し考えられるようにしたいです。

などと熱い感想が多数寄せられました。

この「問わず語り」でのメッセージは、子育て真最中の多くの人にも共通することばかりです。少しでも子育ての参考になればと考えて書いてきました。今回「銀の鈴社」の西野真由美氏のご理解とご支援のもと出版することになりました。できるだけ多くの方にメッセージが届き、楽しく子育てされる端緒になることを願っています。

もくじ

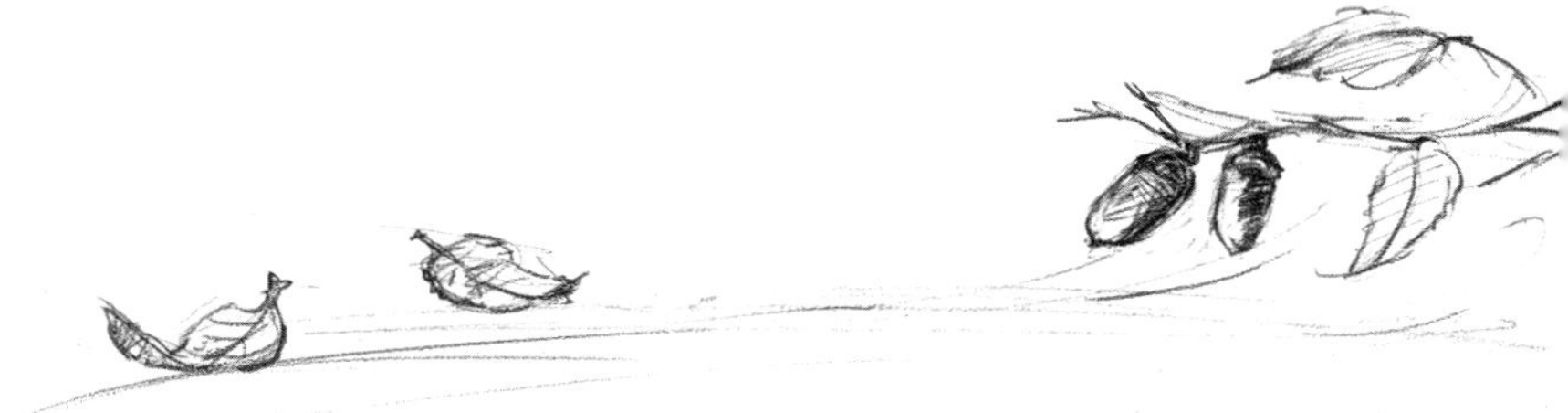

いいとこ探しは魔法のことば

・・・園長の問わず語り——

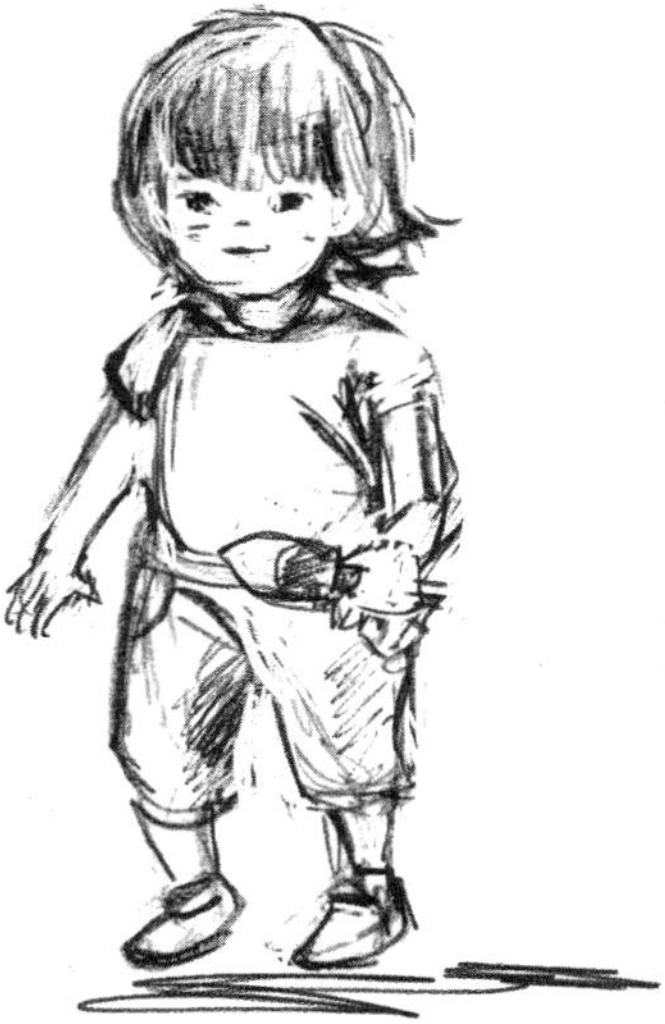

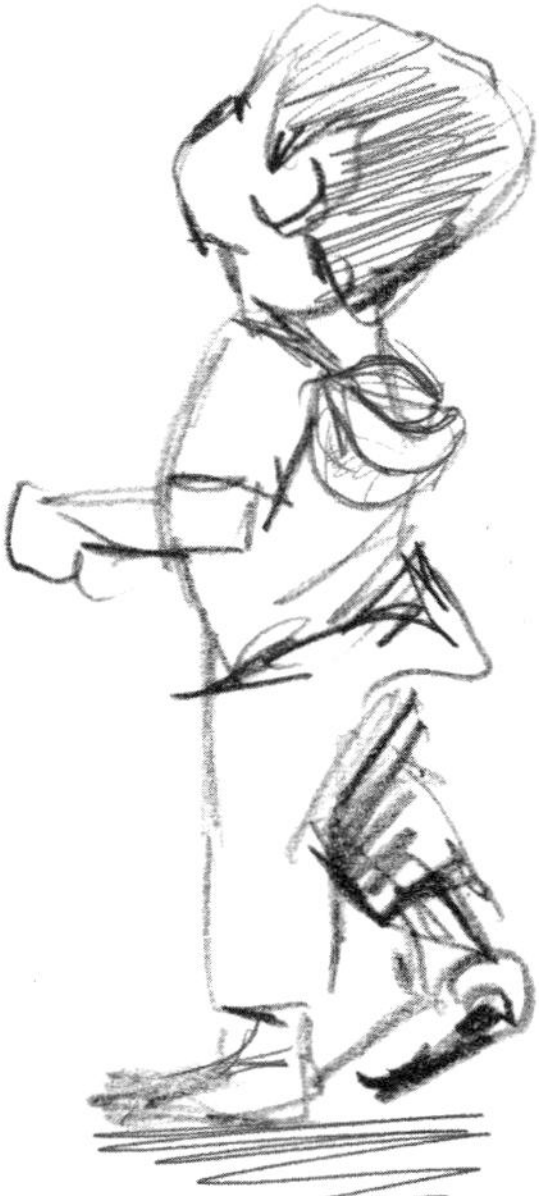

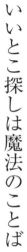

❀1　ママパパ大好き！

降園の時間、迎えに来たお母さん（お父さん）の顔を見て子どもたちの顔はパッと明るく照り輝きます。いつ見ても嬉しい瞬間です。そして、手をつないで会話をしながら門を出ていく姿に私はいつも感動させられます。子どもたちにとって親は唯一無二の存在なのだということを実感する瞬間です。

いつまでもこの幸せな時間が続きますようにと祈らずにはいられません。

〝育児の神様〟と言われ、小児科医療の第一人者として知られる内藤寿七郎は、その著作で親子の愛情について、

◇親子のあいだで愛情を確認しあうことは、自信を持った、人を信頼する人間に育つため必要なことです。子どもには、いつでも自分を受け入れてくれる人がいるという安心感を与えることが必要です。この安心感があってこそ、自信もわき、独立心も養われてくるのです。「新『育児の原理』あたたかい心を育てる　幼児編」Ｐ79

と、その重要性を語っています。さらに、

◇「子どもは、本能的に母親の愛を求めようとしています。だから、求め得た愛情が、自分の要求に満たないと、愛情要求の手段の一つとして、親を困らせてどんな態度を示してくれるのか、親をテストしている場合があります。もちろん、本能的ですから、子どもは意識していません」「新『育児の原理』あたたかい心を育てる　幼児編」P96

と指摘しています。

内藤寿七郎著「新『育児の原理』あたたかい心を育てる　幼児編」は名著です。手塚治虫や著名な小児科医たちも推薦文を書いています。この連載では時々、小児科医内藤寿七郎の目を通して「子どもの成長」も覗いてみたいと思います。

※2　「イヤ！」「イヤ！」

子どもは二歳前後から親に反抗的な態度をとることが多くなります。

「食事の用意が出来たよ。椅子に座りなさい」

と言うと「イヤ！」と言って遊びに夢中で、食卓に来ません。

「歯を磨きなさい」「お片付けしなさい」「寝なさい」

と言っても「イヤ！　イヤ！」ばかり。ついついイライラして怒りが爆発することもあるのではないでしょうか。皆さんのご家庭ではいかがですか。内藤寿七郎はこの時期について、
◇何かを言いつけたとき「イヤ」と言いだしたら、このときこそ子どもの心に自我が芽を出し始めたとさとるべきです。子どもは次第に自分の世界を持つようになり、それが何ものかに侵されると、自分を守るため、猛然と反抗心がわいてきます。「新『育児の原理』あたたかい心を育てる　幼児編」P58
と語っています。成長の為には重要な時期なのは分かりますが、対処が難しいですね。

講演会や研修会などでもお母さん方から多く質問が出る話題です。その場合は、次のように答えています。

罰則　食卓につかないなど不適切な行動をするときは、タイムアウトを設け、食器を下げてしまう。

無視　いたずらなどを繰り返し関心を引こうとする行動に対しては、スルーして取り合わない。

変換　「寝ない」と言った時は、「本を読んであげよう」などと興味のあることに目先を変える。

待つ　怒りがわいてきた時は、三秒待って心を落ち着かせ，静かな口調でお母さんの今の気持ちを話す。

ほめる　言うことを聞いたり、素直になった時は、その点をほめて、適切な行動を強化する。

いろんなバリエーションがありますし、お子さんの特性、ご家庭の方針などによって様々な対応が考えられます。今、うまくいっている場合は、変える必要はありませんよ。より良い対処法を考えて子育てを楽しんでください。

✾3　「信頼される人」になる

私の幼稚園では、子どもと手をつなぎ会話をしながら登園・降園をすることを推奨しています。これは、三歳から七歳の貴重な時期、親子の愛情確認とマナーをしっかり子どもに伝えてもらいたいという願いがあるからです。私はよく、

・三歳までは、肌を離さない（愛着）。
・七歳までは、手を離さない（躾）。
・十三歳までは、目を離さない（社会規範）。
・十九歳までは、心を離さない（信頼）。

という「子育ての鉄則」を話しています。

その中で、七歳までの愛着と躾は、将来グローバル社会で活躍するであろう子どもたちの生きていく土台となっていくものです。愛着（アタッチメント）と言うのは、心理学や医学では「幼少期に親子間で培われる愛情の絆」という意味で使われています。

この愛着の重要性については、多くの学者たちが研究してきた課題です。イギリスの著名な精神科医ボウルビィ「愛着行動の発達」では、

◇（三歳前後から）泣き、発声、後追いといった具体的な愛着行動は次第に影を潜め、愛着対象そのものの存在ではなく、内在化した愛着対象のイメージ、モデルを心の拠りどころ、安心感の源泉として、特定の愛着対象以外、あるいは家庭外の人物、仲間と幅広く相互作用することができるようになる。

と言っています。三歳頃から親から離れ、仲間と出会い社会に出る準備が始まると言うのです。将来、遠く離れていても心の中に自分を支えてくれるであろう人【母親や父親等】を想起することで、厳しい世間を乗り越えていくエネルギーになるのです。私にとっても母親がそんな存在であったことを懐かしく思い出します。

✿4　怒りたくなる時

三歳を過ぎる頃から子どもたちは、口達者になり身体も逞しくなってきます。生意気で手に負えない行動をすることもあり、腹が立ち、子どもに対抗して大きな声で怒ってしまうこともあるのではないでしょうか。

しかし、そんな時は一瞬で、普段は可愛いあなたの子どもです。発達途上の子どもたちですから、親は子どもに寄り添いながら、時には介入していくこともまだまだ必要になります。

そんな介入する五つの場面を想定し留意事項をメモしてみました。

①　危機介入…命の危険、他人に迷惑をかける、法に触れる行為など。
↓「ダメなものはダメ」と毅然とした態度で接する。社会のルールを優しい口調で教え導く。親がしっかり社会規範を子に伝えましょう。

②　愛情確認…気を引くための悪さ。甘えてくる（抱っこ、密着、質問、無視など）

↓愛情を今まで以上に与える。

◇（「ダッコ」と言ってきたとき）、拒否すればするほど、自分への愛情を求めてやまないものです。求めたものをいつも拒否されていると、強い心の人間になることにより、他人に対して自分がされたのと同じように、心の底から愛することのない人間に、冷たい人間になるようです。「新『育児の原理』あたたかい心を育てる　幼児編」P68

③　習慣化のおそれ…夜更かし、歯磨き拒否、嘘を言う。

↓「ユー（You）・メッセージ」を「アイ（I）・メッセージ」に変える。「あなたは、どうして歯磨きをしないの」というYouメッセージではなく「お母さんは、あなたが歯を磨いてくれたら助かるなー」とIメッセージにして声がけすることです。

④　うっかりミス…偶然の失敗。本人もどうしようと思っている場面。

↓相手の心理的事実に焦点を当てる。心理的事実とは「驚いたでしょう」「ドキッとしたでしょう」というように、相手の心情に焦点を当てて寄り添うものです。

⑤　反抗（イヤイヤ期）…「親の価値観の押しつけに反発」自我の芽生え。

↓相手のプライベートスペースを守る。距離感を持つ。見守る。自我が育ってくると親が決めつけることに、わけもなくイライラしたり腹が立ったりする時があります。そんな子どもに対し、怒ったり、小言を言ったりしがちですが効果はなく、関係がぎくしゃくするばかりです。こんな時は、子どもから離れるのが一番の対処法です。逆に、子どもが近寄ってきたらギュと抱きしめ、愛情を与えましょう。

※5　子どもが傷つく言葉

◇「自分をいちばん愛していてくれるのはお母さんだと信じていたのに、お母さんの軽はずみな会話によって、子どもは深く傷つけられることもあるのです。「新『育児の原理』あたたかい心を育てる　幼児編」P75

と内藤寿七郎は書いています。では、どんな言葉で、子どもたちは傷つき、やる気を失くしてしまうのでしょう。

私が中学校の教師をしていた時、生徒たちに「幼稚園、小学校で親や教師に掛けられてイヤだとかガッカリしたと思った言葉」をアンケートしたときのベスト十です。

◆まったくあんたは駄目ね。（完全否定）
◆いつもあなたは、こうなんだから仕方ないわね。（恒常否定）
◆どうせ、あなたが努力したってたいしたことはないでしょうよ。（未来予測否定）
◆やる気になったのはうれしいわ。でも続くかしら…。（否定の裏メッセージ）

◆あなたなんかにできっこないと思うわ。（未来否定）
◆こんな成績じゃ、お前の将来は真っ暗だね。社会の中で生きて行けないよ。（脅迫）
◆今の時期には、三時間勉強するのが当たり前だよ。（責任転嫁）
◆さっさとしなさい、お前は本当にのろまなんだから。（言葉の暴力）
◆あなたのせいで私は、こんなに白髪が増えたわよ。（同情要求）
◆お母さんは良いのよ。でも困るのはあなたでしょう。だからやりなさい。（二重拘束）

どれも腹が立っている時には、つい言ってしまいそうな言葉ばかりです。でも、子どもたちは「やる気がなくなる」というのです。困りました。どのように子どもと接していけば良いというのでしょう。

次回からは、子どもとの接し方や言葉かけについて考えていくことにします。

❀6　嬉しい声がけ

子どもたちは、世界中でお母さん（お父さん）のことが一番好きです。その大好きな親に三つのタイをいつも求めています。

・お母さん（お父さん）に認められタイ。
・お母さん（お父さん）に褒められタイ。
・お母さん（お父さん）の役に立ちタイ。

と願っているものです。どんなに学校でつらいことがあっても、お母さん（お父さん）の優しい言葉に出会いエネルギーが湧き上がって元気が出てきます。

みなさんもそのような経験はありませんか。内藤寿七郎は、次のように語っています。

◇幼稚園からの帰宅後は、お母さんの声を聞いて子どもの心がなごむというような静かでやさしい声をかけてやり、楽しい夕食をゆっくり食べさせるようにしてください。「新『育児の原理』あたたかい心を育てる　幼児編」P87

◇学校から帰って、心も体も疲れていて、ぼんやりしたりしているとき、子どもは、母の慰めの言葉に続く勇気づけこそが救いであるのに、のっけから命令口調で「勉強しなさい」と言うことは、ストレスをつよめることになります。「新『育児の原理』あたたかい心を育てる幼児編」P282

このように言われると親の責任は重大に見えますね。でも、そんなに深刻に考える必要はないのです。お母さん（お父さん）のペースで、買い物に行き、洗濯物を取り入れたり、畳んだり、夕食の用意などを手伝ってもらいながら、

「あなたがいるとお母さん助かるわ」

「ありがとう。あなたって最高ね」

「あなたのこと大好きだよ」

などと気楽に声をかけていればいいのです。

✿7　やる気がなくなる時

妻から、

「洗濯物取り込んでおいて！」と命令されたり、

「食器下げておいてね」と指図されると、

反射的に「イヤだよ！」と言ってしまい、気まずくなることが何度かありました。ところが、

「洗濯物取り込んでくれたら嬉しいな」とか、

「食器下げておいてくれてありがとう。助かるわ」

と言われると、気楽に手伝えるようになりました。

きっと妻は、私の本を読んで「つぶやきプロンプト」の威力に気づいたのだろうと思います。プロンプトというのは、動作をするように促すこと。

それを命令や説教、脅迫ではなく、さらに「Ｙｏｕメッセージ」でもなく「Ｉメッセージ」を使って、

「この荷物を持ってくれたら嬉しいな」

「今ご飯をたべてくれたら助かるわ」

というように私を主語にしてつぶやくことです。すると相手はお願いを聞き入れ、行動しやすくなるというのです。

アメリカの臨床心理学者トマス・ゴードンは「親業」で有名ですが、彼によると、教師や親のよく使うお決まりの「命令、脅迫、説教、提案、講義、非難、同意、はずかしめる、分析、同情、尋問、ごまかす」の十二の型は、子どもたちのやる気を失くさせる言葉がけだ。トマス・ゴードン『親業』サイマル出版会

と言っています。

この十二の型はいずれも、

「あなたは、やりなさい」

「あなたは、なぜ…」

「どうしてあなたは…」

「だいたいあなたは…」

というような「Ｙｏｕ（あなた）メッセージ」で語れるものばかりです。これを「Ｉ（私）

メッセージ」にしてみると大きな変化が現れます。例を挙げてみましょう。

中学二年の女の子、いつもはクラブが終わり六時には帰宅するのに、今日は八時を過ぎても帰って来ません。玄関で不安になり心配して待っているとガチャと鍵が開いて娘が帰って来ました。
◆「あなたはどうしてこんなに遅くまで遊んでいるの。不良になったわね」（Ｙｏｕメッセージ）
◆「よかった！　あなたの帰りが遅いのでお母さん心配していたのよ」（Ｉメッセージ）
この娘になったつもりで、二通りのお母さんの声がけに返事を返してみてください。きっと違いが分ることでしょう。

❀8　子どもが動く「魔法の言葉」

お子さんとスーパーに出かけ、弟や妹の面倒を見てくれたり、品物を選ぶのを手伝い、帰りに荷物を持ってくれた時など「ありがとう」「嬉しい」「助かるわ」などと声を掛けていますか？

このこまめな声がけで、子どもの「やる気」は倍増するという研究が多くあります。同志社大の太田肇教授は、

「人は認められることで直接その欲求を満たせるだけでなく、芋づる式に有形無形の報酬を獲得し、関連するさまざまな欲求も充足できる」『「承認欲求」の呪縛』P55

と書いています。このように認められたいという欲求を〝承認欲求〟と言います。

〝承認欲求〟は、アメリカの心理学者マズローの〝五段階欲求〟の四つ目に出てくる最強の欲求です。皆さんもどこかで耳にされたことがおありかと思います。人間には五つの欲求「生理的欲求→安全欲求→社会的欲求→承認欲求→自己実現欲求」があり、低次の欲求が満たされると高次の欲求を求めていくとされている理論です。

この理論を子育てに応用すると、社会的欲求と承認欲求が満たされることが三歳から七歳頃に重要になると言えそうです。

〝社会的欲求〟は、集団への帰属や愛情を求める欲求です。お母さんお父さんに「認められ、褒められ」、「役に立ち」「愛され」家族の一員として存在していることに確信を持ち、精神的な安定を得ます。

次に〝承認欲求〟は、「他者から認められ、自分を価値ある存在として認めたい」という欲求で、外に向かって飛び出して行く時の大きなエネルギーにつながっていくものです。

「手伝ってくれてありがとう」
「元気に遊んでくれるので嬉しいわ」
「あなたが荷物を持ってくれたので助かったわ」
「あなたが居るだけで幸せ」

という言葉がけを折に触れてすることは、子どもの成長を応援することにつながります。

ただし、〝承認欲求の呪縛〟という面もあります。「期待してる」「君ならできる」などと一方的に言われ、過剰な期待にストレスが溜まる子どももいることには注意が必要です。

✠9　良いこと探し

小・中学校の保護者対象の研修会などで、

「お子さんの良いところを三つ考えて、グループ内で各自の子ども自慢をしてください」

というワークショップをすると、

「良いところなんてない」

「悪い所ならいくらでもあります」

「考えたこともない」

などと悲鳴があがります。

しかし、しばらくして仲間に楽しそうに子ども自慢されている姿は、満更でもない様子です。皆さんも子どもの良い所を挙げてみてください。

どうしても大人は、子どもの良いところよりも、悪いところに目が行きがちです。

「グズグズしている」

「はっきりものを言わない」

「少食だ」

「返事をしない」

「反抗する」

など、ついつい出来ていないところが気になってしまいます。そして、

「うちの子はどうしてこうなんだろう」

と周りの子が良く見えてしまいます。


「隣の芝生は青い」と言いますが、隣には隣の悩みがあるものです。だから、自分の育て方と子どもを信じて、周りの子たちと比較するのではなく、その子の成長にフォーカス（横から縦への変換）して、可愛い我が子の良い所に気づくことを習慣化したいものです。子どもには誰でも良い所（能力）があるはずですから。

二〇〇四年、マリナーズのイチローが、二六二本の安打記録を打ち立てた時の発言は、「さすが」と思わせるものでした。要約すると、

◇大きさに対するあこがれや強さに対するあこがれを持ちすぎて、自分の可能性をつぶさないでほしい。自分の持っている能力を活かすことができれば、可能性が広がる。『夢をつかむ イチロー262のメッセージ』

というのです。イチローの能力とは、足が速いこと、肩が強いこと、人一倍練習することなどが挙げられるでしょうか。皆さんはお子さんの優れた能力を把握していますか？すぐに言えますか？

・声が大きい
・挨拶ができる
・おばあちゃんが大好き
・妹の面倒を見る
・電車が大好き
・植物が好き
・料理が大好き

などなど、夢中になっているものをまず応援してみてください。そうすると、イチローのように、世界で活躍する人物になる可能性も大きくなります。

家庭では、子どもの好奇心を刺激する図鑑や写真集を親子で楽しむこともお勧めします。

✤10 「ほめて育てる」は万能薬ではない⁉

誰でも「ほめられる」と、気持ちのいいものです。特に子どもたちは、ほめられるとやる気につながることが多くあります。

シドニーオリンピック（二〇〇〇年開催）のマラソンで金メダルに輝いた高橋尚子さんが、小出義雄監督にほめられて成績がどんどん良くなっていったことは有名な話です。

◇高橋尚子は、「ハイ」「ハイ」と素直に答える選手だ。いわゆる先生と生徒の関係みたいなものだ。彼女に「がんばれ」といったことがない。がんばっている選手には「いいね」とか誉めるだけでよい。　小出義雄インタビュー『産業と教育』2002.2

と語っています。小出監督は、それぞれのアスリートの性格を見極めて指導法を変えています。その中で高橋尚子さんの成功譚は強烈でした。『ほめて子どもを伸ばす』『ほめて育てる育児』『ほめれば子は伸びる』などの本が次々と出版され、「ほめる」ことが一世を風靡し、現代まで続いています。

しかし、ほめることの弊害も当然あります。大阪大学の榎本博明先生は、

◇ほめられることに慣れすぎると、自分に対して甘い環境ばかり求め、厳しい環境を拒絶するようになる。教師や上司・先輩の厳しい注意やアドバイスから学ぶよりも反発する。注意されると自分を全否定されたかのような過剰反応を示す。こうなると自分の殻を脱皮して成長するのが難しい。『ほめると子どもはダメになる』新潮新書P131

と指摘されています。

でも、ほめることの魅力も捨てがたいものです。やみくもにほめるだけでは、逆効果になることもあることを知った上で、目の前の子どもをほめたいものです。

そのほめるときの留意点をメモしてみました。参考にしてください。

◆結果よりプロセスをほめる。

例「努力していたから、こんな点数が取れたのね」

◆具体的に子どもの好ましい点や行為をほめる。

例「泣かないで我慢できたのは、すごいよ」

◆感謝していることを素直に話す。
例「妹の世話をしてくれて、お母さん助かるわ。ありがとう」
◆ダメなものはダメと毅然とした態度で伝える。
例「お母さんは、そんなことをすることは許さない」
など、将来子どもが生きていく力につながる言葉がけをしたいものです。

11　子どもに寄り添う

　雨が降り続き、外で遊べない日が続きます。外遊び大好きで、エネルギーがいっぱいの子どもは「つまんないなぁ」と何度もつぶやいています。あなたならどのような言葉を掛けますか。

「仕方ないでしょう。雨が降っているから公園には行けないでしょ」

「部屋の中で何かできるでしょ。工夫してやりなさい」

　などと言ってみても子どもの耳には届きません。このような時は、子どもの心情に寄り添った言葉がけをしてみると効果があるものです。

「つまんないと思っているんだね」

　と返すだけですが、子どもは自分の気持ちをお母さんが分かってくれていると思い嬉しくなるものです。これを「共感（エンパシー）」と言います。コーチやカウンセラーが身に付ける傾聴スキルで、〝繰り返す〟〝オウム返し〟などと呼ばれている大切な技法です。

「悔しかったんだね」

「悲しくなったんだね」

「腹が立ったんだね」

「嬉しかったんだね」

「帰りたかったんだね」

「自分も遊びたいと思ったんだね」

などと相手に寄り添って言葉を返せれば、子どもとの信頼関係は強固なものになります。

この傾聴スキルを応用して、子どもの話を聞くシミュレーションをしてみましょう。子どもが、

「今日ね。Kちゃんが僕の遊んでいたおもちゃをとったんだよ」

と言いました。

「そうだったの。K君におもちゃをとられたんだね」（共感）

「うん、悔しかったよ」

「悔しかったんだね。それであなたはどうしたの？」（確認）

「突き飛ばして、おもちゃを取り返したんだ」

「K君を突き飛ばしたのね。それで、どうなったの」（追加）

「K君が、泣いちゃったんだ」

「どうしたら良かったんだろうね」（思考の共有）
「突き飛ばさないで、言葉で言えば良かったかな」
「言葉で言えば良かったと思うのね。あなたは自分でよく考えられるわね。お母さん嬉しいわ」（確認・強化）

このように上手く行くとは限りませんが、子どもに寄り添ってゆっくり会話を楽しんでください。

✿12　子どもの可能性

キプロス島の王ピグマリオンは現実の女性が欠点だらけであることに失望し、理想の女性像を彫刻します。彼は彫刻の名手だったのです。

王は自ら彫った像ガラテアの美しさに心を奪われ、寝食も忘れ妻にしたいと強く願います。この願いに愛の女神アプロディーテが応え、ガラテアに命を吹き込みます。こうしてピグマリオンはガラテアを妻に迎えました。

このギリシャ神話の話は、「どんなに不可能と思われることでも強い願いがあればかなう可能性がある」という意味に使われて〝ピグマリオン効果〟と呼ばれています（その効果を提唱した学者の名前をとって〝ローゼンタール効果〟とも）。そして、教育心理学では、

「親や教師が子どもに対して期待を持ち、その子の長所を伸ばそうという温かい態度で接していれば、彼たちも期待に応えて伸びていく可能性が大きい」

という意味で使われます。

この逆に、〝ゴーレム効果〟というものもあります。

「親や教師が、『この子はこの程度だ』と思うと子どもは、その程度の人間になる」

ゴーレムとは、その像を作った人の命令だけに従う泥人形（胎児の意味もあります）のことです。恐ろしいですね。親や教師の気持ちの持ち方次第で子どもの成長に大きな差が出るというのですから。

目の前のかけがえのないお子さんに、皆さんは大きな期待をお持ちのことと思います。私たち教職員もそれぞれの子どもたちの「長所を見つけ、伸ばそう」という思いで保育に当たっています。

親も教師も〝ピグマリオン効果〟を信じて、未来ある子どもたちを応援していきましょう。

13 「勉強」しない子ども

コロナ禍で大変だった一学期も明日が終園式、夏休みがやってきます。しかし、まだまだ緊張が続きます。油断しないで、夏を健康に過ごしていただきたいと願っています。

小学生のお兄ちゃんやお姉ちゃんがいる家庭も多いでしょう。夏休みと言えば「宿題」が付き物ですね。かつて中学二年生の夏休み、短歌を詠む宿題を出しました。その中には、

◆「本を読め　勉強しろと　母は言う　ああうるさいな　この夏休み」(中2・T君)
◆「お母さん　勉強しろと　うるさいが　言わなきゃやるよ　黙ってほしい」(中2・Y君)
◆「夏の夜　勉強しろと　母の声　分かっているよ　背を向けて言う」(中2・M君)

などのような、お母さんを詠んだ歌が多くありました。何か、ほほえましい情景を思い描いてしまいますが、本人たちは真剣です。

「やらないから言っているのでしょう」

「何、あなたのことを心配しているのにその反抗的な態度は」

「あなたの為を思って言っているのよ」

などと、文句の一つも言いたくなり、さらに子どもとの距離が開いてしまいます。

◇「勉強に対してやる気をなくさせる一番の方法は、やろうとした時に勉強しなさい、ということである」市川伸一『学習と教育の心理学』岩波書店

と言われても、勉強する気のない子どものことが心配でたまりません。その頃、中学校では「親と教師の学習会」をやっていて、一緒に考える機会がありました。話し合いの結果、

◆宿題は、やってもやらなくても子どもの責任（子どもの主体性に任せる）

◆子どもから離れる時間の確保（趣味を持つ、友達と食事やショッピングに行く、働き始めるなど）

◆子どもを信頼する（少し離れて見守る姿勢を保つ）

という「子どもと付き合う三つの鉄則」を決めて実践しようということになりました。

その保護者たちは、もう三十年も経つのに仲良しで、食事会をしたり旅に出かけたりしながら幸せそうです。私も時々、その仲間に入れてもらっています。

14　かけがえのない私の子ども

今日は、防災訓練でした。新型コロナウイルスの感染や各地で頻発する水害、そして地震。子どもたちにもこの夏は、自分で考えて身の安全を確保することを折に触れて教えていきたいものです。家庭でもニュースや新聞を見ながら、家族で話し合いをする機会があると良いですね。

密を避けるため、各クラスに分かれての終園式、子どもたちには三つの課題を出しました。

◆思いっきり遊ぶ（安全優先、家の中でも遊べるものを発見する：筋肉体操、柔軟体操、ダンス、縄跳びなど）
◆夢中になれるものとの出会い（昆虫、電車、折り紙、フィギュア、星座、料理、鉱石等）
◆家の手伝いをする（玄関の掃除、花の水やり、料理、掃除、洗濯物を畳む等）

夏が終わり、秋になる頃一回り成長した子どもたちに会えることを楽しみにしています。

一学期は、皆さんに直接お話しする機会が少なかったので、〝Google Classroom〟に保護者の皆さんへのメッセージを連載してきました。読んでいただきありがとうございます。「夫と一緒に読んでいます」「心に染みてきます」「楽しみにしています」「グサッときました」「園の日常の写真も楽しみです」など沢山の感想もいただきました。励みになりました。

いろいろなことを書いてきましたが、この連載で言いたかったことは、

かけがえのない私の子ども
比べず、妬（ねた）まず、指図せず
信じ、任せて、寄り添い支え
深い愛情つねに抱き
どんなときも、どこまでも
あなたの味方は、ママとパパ
そんな気持ちで暮らしたい

と私の拙い詩に表現したことに尽きます。

✿15 「遊ぶ」こと

夏休み、子どもたちはいっぱい遊びましたか?

今年は、海や山、また帰省もままならず、例年とは異なり、親として歯がゆい思いをされていたのではないかと思います。私も孫達と会うことが憚られ、物足りない夏休みとなってしまいました。

しかし、子どもたちは逞しいものです。家の中で様々なものを使って「遊び」を発見し、夢中になって時間を過ごします。紙一枚、新聞紙、段ボール、ペットボトルなども子どもにとっては、宝の山。次々と発想が湧いてきて、大人では考えつかない「遊び」を展開します。

遊びをせむとや生まれけむ
戯(たわぶ)れせむとや生まれけん
遊ぶ子供の声聞けば
わが身さへこそゆるがるれ

（遊びをしようとして生まれてきたのであろうか。
戯（たわむ）れをしようと生まれてきたのであろうか。
無邪気に遊んでいる子どもの声を耳にすると、
大人の私までもが、自然に身体が動いてしまいそうだ）

平安時代末期の『梁塵秘抄』に載る有名な今様です。昔から子どもたちが嬉々としてはしゃぐ姿に、大人達も大きなエネルギーをもらっていたのです。

幼稚園教育の創始者といわれるドイツの教育学者フレーベルは『人間の教育（上）』（岩波文庫Ｐ71）で、「遊び（遊戯）」が未来の生活に大きく関わるということを論じ、

◇母親よ、子どもの遊戯をはぐくみ、育てなさい。父親よ、それを庇（かば）い、護（まも）りなさい。

と言っています。我々大人には、子どもたちが安心して遊べる環境を保障することが求められます。

幼稚園が始まりました。仲間と共に「ごっこ遊び」「見立て遊び」「模倣遊び」「創造的

遊び」「身体的遊び」等を思う存分楽しみ、将来グローバルで活躍する時の土台になる力を培う援助をして行きたいと思います。

❀16　子どもの成長

子どもが生まれた時、

「この子のためなら何でもしてあげたい」

「元気でいてくれるだけで幸せ」

「うちの子が一番」

と皆さん思われたことと思います。ところが、六カ月検診頃から、周りの赤ちゃんと比較し、

「体重が平均以下だ」

「すぐ泣いてしまう」

「動き過ぎ、落ち着きがない」

「反応が鈍い」

など色々なことが気になり悩みを抱える事態も起こります。そのうち、

「ちゃんと躾けて何でも出来る人間にしたい」

「自分は出来ないけど、この子ができればいいなー」

「この子のためだ」

と考え、子どもに厳しい声がけをすることも度々起こります。

さらに、最近ではスマホ情報もあふれているため、色々検索して悩みが深くなり、相談に来られる方もいます。

子どもから見れば、今まで何でもしてくれた優しいお母さんが今度は、いろいろ指示してくる、時には怖い顔のお母さんに変身し、自分の自由を束縛したり管理したりする邪魔なお母さんに見えることもあります。

子どもの将来を良かれと考えれば考えるほど泥沼にはまり込んでしまうことも現実です。


さらに小学校に入学し、身体も大きく成長し、自己肯定感を持ち始める三年生四年生になると、学ぶことも高度になり「九歳の壁」または「十歳の壁」と言われる障害にぶつかってしまう子も出て来ます。

自己否定的になり、劣等感を抱きやすい年齢です。さらに友人関係を優先し、家族からのアドバイスを受け入れない「ギャング期」と呼ばれる時期の始まりで、子育ては新たな局面に突入したと言えます。その時期を少し整理しておきましょう。

◆ギャング期（九歳頃から）…行動を共にする仲間と徒党を組んで、様々なことに挑戦したり、いたずらしたりする時期。
◆チャム期（十三歳頃から）…言語を通しての仲良しグループ。分かり合える仲間。仲間はずれも起こる時期。
◆ピア期（十五歳頃から）…相手との差異も理解でき、その上でつき合うことができるようになる時期。『未来を支える君たちへ』晶文社P79

このように「子育て」は、まだまだ続きます。

でも不安になる必要はありません。今の幼児の時期に、親子の信頼関係をしっかり築き、家庭が安心できる場になっていれば大丈夫。子どもは自分の力で荒波を乗り越えて行ってくれます。

子どもが思春期になったら少し距離をとり、見守りながらできる範囲の支援をしていければ、立派な社会人に成長していくことは間違いないことです。

✿17　やる気に火がつく「ペップトーク」

子どもの「やる気」を引き出すことは、いつの時代も我々大人の願いでした。「✿7のやる気がなくなる時」でも触れましたが、今回は一歩踏み込んで、〝ペップトーク〟のスキルを紹介してみます。

〝ペップトーク〟とは、スポーツ大国アメリカで、試合や大事な練習の前に監督やコーチが選手の心に火をつけるための短い激励のメッセージのことを指します。

このスキルは徐々にビジネス界や教育関係などのモチベーション研修などでも取り入れられることが多くなってきました。そのスキルは「四つのステップ」からなっています。

◆ステップ1　受容（共感）、事実の受け入れ（寄り添う人）

↓マイナスを誇張「そっか～、わかるよ」「え～、それはつらかったんだね～」「残念だったんだね～」「私もそうなったことある」

↓プラスを誇張「いいですね！」「わ～、すごい！」「もっと教えて！」「え～、それはうれしいね！」

◆ステップ2　承認、とらえ方変換（気づかせる人）
↓逆転の発想「緊張するのは、本気の証拠だよ」「問題は成長のチャンス」
↓あるものにフォーカス「君には仲間もいるし経験もある」「あなたは笑顔が素敵だし、いつもみんなに勇気を与えている」

◆ステップ3　行動してほしい変換（未来に導く人）
「ベストをつくそう」「一歩を踏み出そう」「最後までやり続けよう」「時間に余裕を持っていこう」「持ち物を確認しよう」

◆ステップ4　激励、背中のひと押し（勇気づける人）
相手の可能性を信じる「君ならできる」「自分らしく」「自分を信じて」「あなたなら大丈夫」
↓背中をポンと押す「さあやってみよう！」「楽しんで！」「よしいこう！」参考：浦上大輔『たった1分で相手をやる気にさせる話術PEP TALK』P166

子どもと対話する時、親は↓【寄り添う人】↓【気づかせる人】↓【未来に導く人】↓【勇気づける人】に徹したいものです。

これは子どもを愛し、子どもの人格を尊重しているから出来る事。親からの一方的なアドバイスや指図・命令では、子どもは動かないものです。

⚘18 「怒る」ことと「叱る」こと

あなたの子どもにスポーツを習わせるとして、
◆恐れやプレッシャーによる動機づけをする厳しい指導者と
◇感謝や良いところを探して誉める、信頼からくる動機づけをする優しい指導者
がいるとして、どちらの指導者を選びますか。前者は〝ブラックエンジン〟、後者は〝ホワイトエンジン〟とも言われる指導法です。

ブラックエンジンは爆発的な力を発揮することもありますが、エネルギー切れになり、ストレスも溜まります。人間関係も悪化する場合も多いようです。

ホワイトエンジンは、本当に強い組織やチームで行われていて、モチベーションが維持でき心地よい達成感に包まれます。周りの人も幸せになれます。

甲子園に出るような強豪チームの監督は、私の高校時代「ブラックエンジン」でガンガン引っ張っていくというイメージでしたが、今は「ホワイトエンジン」の手法も取り入れた監督の方が、甲子園に多く出場していると聞きました。

これと同じように、子どもの至らない点を指摘し、正しい道に導く時にもブラックエン

ジンとホワイトエンジンがありそうです。私は、これを「怒る」と「叱る」という言葉に分けて考えています。二つを整理して比較しておくと次のようになります。

怒る（ブラックエンジン）		叱る（ホワイトエンジン）
感情的に	↔	理性的に
自分のために	↔	相手のために
過去に焦点を当て	↔	未来を見据えて
怒りと勢いで	↔	愛と勇気で
自分の言いたいように	↔	相手に伝わるように
思いついたままに	↔	試行錯誤しながら
相手を批判するように	↔	相手を認めながら

危機介入や急激に力を発揮する必要のある場合は、時にはブラックエンジン（怒る）の発想も必要ですが、未来に向かって長く付き合うことになる親子関係のような場合には、信頼関係を築くホワイトエンジン（叱る）の要素を自分のものとして実践されていくのが無難だと思います。

❀19　一人で背負わないで

子育てには、〝母性と父性〟がバランスよく発揮されるのが良いと言われます。

母性は、子どもにとって安全で安心できる温かい環境を提供する存在で、父性は厳しい規範や社会性を伝える役割を担います。

ただ、母性は母親、父性は父親という限定的なものではなく、母親が母性と父性を担う場合もありますし、おばあちゃんやおじいちゃん、幼稚園の先生などの力を借りることもあるでしょう。

もちろんお父さんが母性を担うのは大歓迎です。ただ、偏った子育てだけは避け、「愛情のネットワーク」を利用してバランスの取れた子育てができればいいですね。

母性も父性もない状態は、放任型子育てと言われます。自立は早いかもしれませんが、非行に走るケースも多いことが報告されています。

母性に片寄れば過保護型（溺愛型）です。親に甘え優しい子に育ちますが、なかなか自立できず、引きこもりになる子もいます。最近大きな話題になっている〝８０５０問題〟（八十歳代の高齢になった親が、五十歳代の長期引きこもりの子どもの面倒を見ている状態、中高年の引きこもりは二〇一九年内閣府の発表で六十一万人）という社会問題も引き起こす可能性もあります。

父性だけが優先されると過支配型。スポーツ界で優秀な実績をあげたり、社会のヒーローになることもあるかもしれませんが、上手くいかず自暴自棄になって大きな事件（金属バット事件や放火事件など）を引き起こしてしまうことも過去にありました。また、過干渉や体罰、暴言が子どもの成長に悪影響があるのは「言わずもがな」でしょう。

日本では「愛情のネットワーク」での子育ての基盤が弱く、母親が子育てを全面的に背負い込み、責任も負わされていた風潮がありました。しかし、幼児時代から、子どもたちは愛情のネットワークを作っているという研究結果も報告されています。

◇幼児は、おとなと同様に、日頃接している人々の中から、自分の存在を確保し、安心して無事に暮らすために、周囲の人々が自分にとってどのように役立つか、誰が存在を支えてくれる中核的な機能を果たしてくれるか、誰と一緒にいると楽しいかなどと識別しながら、それぞれの相手に役割を割り振って、数人からなるネットワークを作っていることがわかりました。高橋惠子『子育ての知恵』岩波新書P92

幼稚園に入り、子どもたちは一気に人間関係が広がりました。担任の先生や多くの友達、また友だちのお母さん、そして自分を愛してくれているママやパパ、ジィジやバァバ。みんな強力な味方です。そして、今後ますますネットワークは広がっていくことでしょう。

お母さんは、子どものためだけに生きているわけではありません。他の人に任せられることは任せ、空いた時間を自分のために使われることもお奨めします。

そして、いつか子どもが心理的にも現実的にも母親を必要とする時、そっとお母さんの愛情を求めてくることでしょう。

※20　私はやればデキル

小学生・中学生になり、テストで悪い点数を取った時、誰もが次回は挽回しようと決意するものです。しかし、実際行動に移せる子どもは少ないという気がします。

「意識が考えて、無意識が応援する時、人は行動できる」

と言われます。

だとすれば、行動の邪魔をしているのは、無意識に幼児期から蓄積されたネガティブメッセージだと言えそうです。やろうと思った時、

「どうせ〜」

「できるわけがない」

「いつも言うだけ」

「無理！」

などという〝ことば〟が頭に浮かんで来て行動の邪魔をするのです。多くの人が経験してきたことではないでしょうか。この魔のループから脱却するため、幼児の時から〝ヤッター貯金〟をすることをお薦めします。

子どもたちには毎日「嬉しい！」「楽しい！」「感動した！」「ヤッター！」と思うことが何度かあるものです。このポジティブな気持ちを貯金しておき、将来失敗したときや挫折したとき、また落ち込んだとき、蓄えてある貯金を引き出して、前に進んでいく力にしようというのが、〝ヤッター貯金〟です。

もし、試してみようとされるなら幼児の場合、次のような手順で行います。

①「〇〇さんのヤッター貯金ノート」を作る（小学校の低学年までは、親が手伝って記入する）

②食卓やリビングで

「今までで、嬉しい、ヤッターと思ったことは何？」

と気楽に質問して、三つぐらい挙げてもらう。例えば、「逆上がりが出来た」「縄跳びで十回以上跳べた」「プールで顔をつけて泳げた」「自転車に乗れた」等。それをノートに記録する。本人がうまく言えない時は、大人が助言しながら成功した場面を思い出すのを手伝う。

③今週「ヤッター」と思ったことを思い出す。「友達と仲直りした」「先生に褒められた」「お母さんの手伝いをして小遣いをもらった」等、ノートにメモしておく。

郵便はがき

恐れいりますが
切手をお貼りください

248-0017

神奈川県鎌倉市佐助 1-18-21 万葉野の花

㈱ 銀の鈴社

『いいとこ探しは
魔法の言葉』

担当 行

下記個人情報につきましては、お客様のご意見・ご要望への回答ならびに銀の鈴社書籍・サービス向上のために活用させていただきます。なお、頂きました情報につきましては、個人情報保護法に基づく弊社プライバシーポリシーを遵守のうえ、厳重にお取り扱い致します。

ふりがな	お誕生日
お名前 （男・女）	年　月　日
ご住所　（〒　　　）　TEL	
E-mail	

☆ **この本をどうしてお知りになりましたか？**（□に✓をしてください）

□ 書店で　□ ネットで　□ 新聞、雑誌で（掲載誌名：

□ 知人から　□ 著者から　□ その他（

★ Amazonでご購入のお客様へ　おねがい★

本書レビューをお願いいたします。

読み終わった今の新鮮な気持ちが多くの人たちに伝わりますように。

ご愛読いただきまして、ありがとうございます

今後の参考と出版の励みとさせていただきます。
（著者へも転送します）

◆ 本書へのご意見・ご感想をお聞かせください

◆ 川合正さんへのメッセージをお願いいたします

※お寄せいただいたご感想はお名前を伏せて本のカタログや
ームページ上で使わせていただくことがございます。予めご了承ください。

希望に✓してください。資料をお送りいたします。▼

のカタログ　□野の花アートカタログ　□個人出版　□ 詩・絵画作品の応募要項

読者と著者を直接つなぐ

刊行前の校正刷り（ゲラ）を読んだ、「あなたの声」を一緒にお届けしま

★ 新刊モニター募集 （登録無料）★

普段は読むことのできない、刊行前の校正刷りを特別に公

登録のURLはこちら ▶ http://goo.gl/forms/rHuHJRi

1）ゲラを読む

2）感想などを書く

3）このハガキに掲載されるかも!?

【ゲラ】とは?……本になる前の校正刷りのこと。

著者への感想は以下のURLかQRコードからもお待ちしております。
https://forms.gle/VU4AY27sMsuMxoJp8

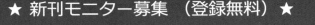

ゲラを先読みした 読者の方々から

「本のたんじょうに たちあおう」

〜 感じたこと 〜

学・高校の教師から、幼稚園の園長になられ
著者の、体験に基づく教育談義です。
稚園（保育園を含む）の幼児レベルが主体です
、小学校以降の子供たちへの接し方にも、触
られています。
児や家庭教育に悩む、お母さん、お父さんへ
、頼もしい、励ましのメッセージ集です。
ポーツや芸術にも目を向け、最新の学説や指
法を修得されて、しっかりとした読み応えが
ります。
稚園の先生や幼児教育を目指す学生さんにも、
薦めです。
（楠木しげお・児童文学者・歌人・70代　男性）

※上記は寄せられた感想の一部です※

④その後は、毎日子どもに「ヤッターと思った」ことを聞き、ノートに日付とともに記録する。毎日でなくとも可。
⑤「ヤッター貯金」を習慣化させる。
⑥小学校三年生を過ぎれば、本人が一日を振り返り、自分でノートに記録していく。

これは、私は園の卒園式で毎年「はなむけの言葉」として話してきましたが、なかなか習慣化するのは難しいようです。


しかし、効果はてき面です。中学校で実践していた時、生徒たちは、

「先生、どんどん貯金をしています」

「今日は、こんな貯金ができました」

などと活き活きと報告してくれました。


将来、困難や限界に直面した時、この「貯金」を引き出し「私はヤレバデキル」と考え、逞しく乗り越えて行く力になることを願っています。

※21 「自己肯定感」が低い日本の子ども

子どもが自分を無条件に肯定でき、「何があっても大丈夫」と思えるのは、親や周りの人々に愛され、信頼されていると実感できている時に育まれていきます。

これが〝自己肯定感〟。グローバル時代に生きていく彼・彼女たちには絶対身に付けておいて欲しい力です。ところが二〇一六年の文部科学省資料では、

◇諸外国と比べ、我が国の子供たちは、学力がトップレベルであるにもかかわらず、自己に対する肯定的な評価（自己肯定感）が低い状況にある。

と発表しました。

ある高校生対象の調査（二〇一五年）では、

「私は自分自身に満足している」の国際比較で、【そう思う】と【どちらかと言えばそう思う】の合計が、日本は四五・八％だったというのです。

韓国は七一・三％、アメリカは八六％、英国は八三・一％、ドイツは八〇・九％、フラ

ンスは八二・七％、スウェーデンは七四・五％と言うのですから、日本だけ大きく〝自己肯定感〟が落ち込んでいることが見てとれます。

その理由として、日本人は〝謙虚〟で〝ひかえめ〟だからアンケートで自己主張をしなかったのではないかと言う説もありますが、原因は他にもあると思います。

日本の教育が工業化社会において〝優秀な労働者〟を作るためのシステム、つまり一％のエリートと九九％の労働者の養成を目指して行われ、現在も引き続き学校教育の基本となっているのも大きな原因ではないかと私は密かに思っています。

その教育社会では、「遅刻欠席厳禁」「時間割通りに行動する」「チャイムが鳴れば指定された座席に座る」「私語禁止」「校則を守る」「制服着用」「先生に従う」「居眠り厳禁」など、工場で働くための重要な素質を叩き込むとともに、知識の量で人間性を測る競争社会の中で、本人が劣っている所の多いことに気づかされ、なかなか自己肯定感を持てなかった一面もあったと思います。

でも、四五・八％の高校生が「私は自分自身に満足している」と答えていることは救いです。きっと、親や周りの人々の愛情に包まれ、伸び伸びと個性を育まれた子どもたちなのだろうと想像します。

二〇二〇年は教育改革の年、と言われています。コロナがなくても、社会はＡＩ（人工知能）全盛の時代に移行し、従来の工業化社会は崩壊の一途をたどると推測されます。学校教育は「主体的・対話的で深い学び」という標語に沿って大きく変革していくことが求められています。

皆さんのお子さんは、新しい時代に生き、未来を託すことになる子どもたちなのだということを理解し、愛情たっぷりに大切に育てていただきたいと思います。

❀22　子どもたちの個性

子どもたちには、それぞれに個性があります。親や教師にはそんな子どものあるがままを感じ、彼らの特徴を観る力が必要です。

しかし、先入観や偏見、力不足、周りとの比較などによって、なかなか個々の良い特徴に気づけず、悪い点ばかりに目が行きがちです。その子が成長しているところをしっかりと見守り、縦の視点（他と比較せず、その子に焦点を合わす）で支援していければ良いですね。

多くの女性アスリートを育てた小出義雄監督は、選手の個性を見抜いた上での指導で有名でした。シドニーオリンピックで優勝した高橋尚子さんに対する「ほめて育てる」指導については「❀10」で触れましたが、有森裕子さんとの出会いと指導も感動的です。

高校時代も大学時代も大した実績のなかった有森裕子さんは、無謀にも陸上界の名門リクルートに入社を希望します。その時の面接官が小出監督だったのです。BS朝日「有森裕子へのインタビュー」によれば、彼は「その根拠のないやる気が素晴らしい」「心の才能がある」と見抜き採用を決定したと言います。

実績ではなく、将来性を見抜くとともに、その成長を支援した小出監督は、まさに名伯楽と言えるでしょう。

彼女はバルセロナオリンピック（一九九二）で銀メダル、四年後のアトランタオリンピック（一九九六）でも銅メダルの栄冠に輝き「初めて自分で自分をほめたいと思います」という名言まで残しました。

◇有森裕子は「これやれ」「あれやれ」と言うと、反発してくる選手だった。彼女が気持ちよく、そして目が輝くように指導法を変えた。遅かった彼女に夢と希望を持たせるようにした。　小出義雄インタビュー『産業と教育』2002.2

と、その指導法について語っています。実績も成績も良くないのに親や指導者に反発してくる子どもは、どこにでもいるものです。そのような場合は未来を見据え「夢と希望を持たせるように」したというのです。

もう一人、世界陸上選手権アテネ（一九九七）で金メダルに輝いた鈴木博美は「走ることにも素質があるが、すごく頑固だった」

と言います。天才少女だったのですね。そこで、

「友達になって、相談を持ちかけるようにした」

と小出監督は語っています。


三人三様です。皆さんのお子さんは、どのタイプですか。
◆高橋尚子型…素直、正直→良いところを探し、ほめる。
◆有森裕子型…反発してくる→将来への夢と希望を持たせる。
◆鈴木博美型…頑固（天才型）→友達になる。当人と相談する。

お子さんが、どの型でも未来は大丈夫です。親や教師が、しっかり対応していけば国際社会の中で活躍する人物になることは間違いありません。三人のアスリートにより実証済みですから。さあ、余裕を持って子育てを楽しんでください。

23 〝幸せホルモン〟の増やし方

子どもが、幸せそうにしていると嬉しいものです。あなたのお子さんが、幸せを感じるのはどんな時ですか？　少し思い浮かべて見てください。例えば、

・自分の好きな遊びに夢中になり、独り言を言いながら遊んでいる時。
・家で飼っている犬を撫でながら話しかけている時。
・「ダッコ！」と甘えてきたので抱き上げて頬ずりした時。

など、色々思い出されるのではないでしょうか。

このように〝幸せ〟を感じている時は、〝幸せホルモン〟と言われるドーパミンやセロトニン、オキシトシンなどが分泌されていることが明らかになり、注目を浴びています。ドーパミンは〝快感のホルモン〟と言われるように、達成感を味わい、自分を肯定しながら生きていくためには重要なホルモンです。ただ、ドーパミンが過剰に分泌されると好きなことだけに熱中し、他の重要なことが手につかないという弊害も起こります。

それを調整するのがセロトニンです。セロトニンは〝安心のホルモン〟とも言われ、感

情をコントロールして精神を安定させる効果があることが知られています。不足するとストレス障害やうつ、睡眠障害などの原因にもなると言われている重要なホルモンです。

最近の研究で特に注目を集めているのが、〝愛情のホルモン〟と言われるオキシトシンです。古くから出産や授乳に関係する女性ホルモンとされてきましたが、男女共に「安らぎときずな」獲得のために重要なホルモンであることが証明され、自閉症などの治療にも効果があることが実証され話題になっています。闘争心や恐怖心を抑え、穏やかで愛情に満ちた気持ちになり、心を落ち着かせてくれるホルモンです。

子どもたちの〝幸せのホルモン〟を少しでも増やしたいものですね。


もちろん、家族の皆さんも増やしてください。生活習慣を少し変えるだけで、分泌が加速されるそうです。その各ホルモンの増やし方を以下にまとめてみました。簡単なことばかりです、普段から意識し、家族で協力して実践してみてください。
◆ドーパミン（快感のホルモン）の増やし方
・積極的に行動する
・ウォーキング
・好きな音楽を聴く

・瞑想
・偏りのない食生活（特に乳製品、大豆食品等）
◆セロトニン（安心のホルモン）の増やし方
・早寝早起き朝ごはん
・朝日を浴びる
・リズム運動
・人や生き物と触れ合う
・歌をうたう、笑う
◆オキシトシン（愛情のホルモン）の増やし方
・心地よいスキンシップ（ハグする、抱く、身体をタッチする等）
・親しい仲間たちとのおしゃべりや食事、遊び
・家族団らん

ꕥ24　好きこそ物の上手なれ

人は、自分の興味のあることや好奇心のあるものに対しては、時間を忘れて集中できるものですが、親や先生に命令・指図され仕方なく取り掛かったことは、長続きせず、効果も少ないことは誰でも経験していて、自明の理ではないでしょうか。

◇（お稽古ごとを）いやがる子どもに無理強いしても、自主性のないどころか、積極性の少ない人間をつくり上げることにしかなりません。「新『育児の原理』あたたかい心を育てる　幼児編」P159

と言われます。では、習いごとやお稽古ごとはさせない方がいいのかと思われがちですが、自発的に「やりたい」と言うならやらせてみるのもいいと思います。

私の孫は、ピアノ、スイミング、書道、野球、合唱などを習っています。友だちと会えるのが楽しみで「やりたい」と言ったようで、たいして熱心ではありませんが、それはそれでいいのかなと思っています。多くの習い事をする中で、本当に夢中になれるものに出会える可能性も広がると思うからです。

◇もともと人間の能力は多面的なものであり、一つの能力、一つの評価の方法だけでつかめるものではないのです。また、小さいうちはそれほどでなくても、何年かたったころ、飛躍的に伸びることもあります。早いうちから、一つの能力だけでこの子はダメという評価を下してしまうと、他の能力の伸びてゆくのを抑えつけることになりかねません。「新『育児の原理』あたたかい心を育てる　幼児編」P165

ただ、周りの子たちに遅れてしまうのではないかと心配し、算数や読み書き、外国語などを幼児期から親の意思で強要することは、マイナスに働くこともあることは理解しておきたいところです。

もちろん、小学校に入学し、他の児童より「できる」という優越感を持ち、その後も先頭を走る可能性もありますから一概に否定はできません。しかし、次のような弊害もあることが指摘されています。

◆知識は、いつまでも維持できない。後発組の他の子たちもどんどん伸びてきて、優越感が揺らいだり、ぽきっと折れてしまう可能性も大きい。

◆遊びこそが子どもにとって優先されるものであることから、自主性や創造性を奪うことも起こる。
◆社会とは、競争で他を押しのけて優位に立つことや他から評価されることが重要であるという価値観を植え付けてしまう可能性もある。
◆課題の消化や時間の制約など精神的負担も大きい場合もある。

いずれにしても、子ども本人の意思を尊重し、それを優先させたいものです。

25　子どもの〝夢〟を壊さない

「人は未来の〝目的〟に引っぱられて生きるのだ」（アドラー）
と言われます。確かに私の場合も
東京に行きたい、教師になりたい、幼児教育に携わりたい
などと〝目的〟を仲間に語っているうちに、いろんな人に助けられて、現在地にいると
いう感覚です。〝目的〟に向かって進むことや〝夢〟を持つことは、人生の上で非常に重
要な道しるべになることは、間違いのない事実だと言えます。
幼児期には〝夢〟と言えば、ヒーロー戦隊やアナやエルサ、ケーキ屋さんになりたい、
など身近な興味あることを表現するのが精一杯ですが、徐々にしっかりとした〝夢〟や〝目
的〟を持ち、それに向かって努力する子も出て来ます。
「イチローのように海外で活躍したい」
「お父さんのように立派な医者になって困っている人を助けたい」
「アフリカに行って人々の役に立ちたい」
など。こんな時には、子どもの〝夢〟を壊さない言葉がけが大切なのは、言うまでもあ

りません。
大きい夢→小さくする→抽象的なことは→具体的に→否定が来たら→肯定に直すという流れで、子どもが行動しやすいような会話を心掛けたいものです。

「イチローになりたい」と言った子を例にして、声がけをしてみることにしましょう。
【大きいこと】「イチローになりたい」
声がけ「イチローのように海外で活躍したいのか。その為には、何をすればいいの？」
【小さくする】「練習をいっぱいする」
声がけ「練習することは重要だね。どんな練習をしようと思っているの？」
【抽象的なこと】「家に帰ってからも、いっぱい練習する」
声がけ「すごいね、どんな練習をしたいと思っているの？」
【具体的に】「素振りを百回とダッシュ三十分、筋トレ一時間などをする」
声がけ「よく考えたね。いつから練習を始めるの？　やってみてどうだったか、また教えてね」
【否定が来たら】「練習計画が、全然できない。僕は、イチローになれない」
声がけ「そうだったの。頑張ったのね。その練習計画をどのように変更すれば、実行できそう？」

【肯定に変える】「素振りは三十回、ダッシュ十分、筋トレ二十分ならできると思う」声がけ「すごいじゃない。できることをやってみよう。また教えてね」

このように〝夢〟に出会えた子どもは幸せです。しかし、多くの子どもは大人や先生から、

「将来の夢は？」

「あなたのやりたい職業は？」

「何になりたいの？」

などと問い詰められ、うんざりしています。〝夢〟と早期に出会う子どもは少ないものです。また、〝夢〟はどんどん変化して行きます。

まずはスモールステップで、着実に〝目的〟に向かって進んでいく姿を応援して行ければ良いですね。そのうち自分に合った〝夢〟に出会えることでしょう。

※26 〝なぜなぜ期〟は論理的思考の始まり

子どもの誕生は、奇跡に近いものがあります。

長い時間をかけて多くの先祖から受け継いで来た命のバトンを受け取るのです。十代前の先祖は父母二人の十乗ですから一〇二四人、二十代前は一〇四万八五七六人居ることになります。そして、お父さんお母さん二人の命から、目の前にいる子どもは誕生したのです。まさに奇跡です。

子どもの成長は【胎児期】↓【叫喚期】↓【喃語期】↓【まねぶ期】↓【なになに期】↓【なぜなぜ期】と続き、その後小学校高学年に突入し、自立に向けて成長して行きます。この幼児期は、保護者や大人の手助けがなくては生存すらできない年齢です。そこで、保護者も一生懸命子育てを続けるのですが、幼稚園に上がるころから反抗期とともに「なぜ？　なぜ？」としつこく質問をしてくるので、ついつい鬱陶しくなり、無視したり、はねつけたりしてしまいがちです。

しかし、【なぜなぜ期】は、学問への芽生えの重要な時期で、欧米諸国では幼児期から「論理的思考」「批判的思考」などを育てる〝言語技術〟のトレーニングが開始されるそうです。

これらの力は、将来国際社会で活躍するためには必須のアイテムですが、日本人は全般的に弱いと指摘されています。

「論理的思考」（ロジカルシンキング）とは、主張や結論に対し、自分がなぜそう考えるのか、その理由となる根拠を提示し、相手の視点に立ってわかりやすく伝えることです。その訓練として〝なぜなぜ分析〟が有名です。「なぜ？　を五回繰り返す」という単純なトレーニングです。

例えば、保護者が「子どもに腹がたつ」という場面で、「なぜ？」を五回繰り返し、問題解決をしてみましょう。ポイントは、理由をどんどん掘り下げていくことです。

①　なぜ？　↓「遊びに夢中で食卓に来ないから」

②　なぜ？　↓「食事よ、と何度も言っているのに無視するから」

③　なぜ？　↓「遊びに夢中になっているから」

④　なぜ？　↓「遊びが面白く、中断されるのが嫌だから」

⑤　なぜ？　↓「夕方お菓子を食べて、お腹がすいていないから」

さあ、問題解決に至りそうですか？

・夕方にお菓子を食べることをやめるとか、

・「食事までよ」や「何時まで遊んだら片付けをしなさい」など、遊びをする時間の制約をするなど。

この〝なぜなぜ分析〟を家族みんなで実行してみてはいかがでしょうか。きっと、ロジカルシンキングが鍛えられると思いますよ。

✿27　子どもの自発性を尊重する

・お母さんの手伝いをするのが好きで、自ら積極的に掃除を手伝っていた子どもに「ありがとう」と小遣いをあげたところ、お金をもらわないと手伝いをしなくなった。

・図鑑を見て恐竜の名前をどんどん覚えるので、「偉いね」とご褒美をあげたら、褒美をあげないと恐竜に興味を示さなくなった。

などの現象が起こることがあります。

誰かに言われたり、介入されてやろうと思うより、自分からやりたいと思い行動する方がモチベーションがあがり、成果が出るという訳です。

人が何かに取り組むときのきっかけは〝内発的動機〟と〝外発的動機〟に分けられます。

〝内発的動機〟は、自分から進んで興味を持って取り組み、熱中し、持続可能となる動機を指します。

〝外発的動機〟は、褒めたりご褒美をあげたり、または罰則を科したり、評価、監視などを使って相手をコントロールして行動を促すことです。

このように、他人から指図・干渉されるより、自らの意思で積極的に行動するほうが効果が高くなるということは、あたりまえですね。このような外発的動機づけでモチベーションが低減してしまう現象は〝アンダーマイニング効果〟と呼ばれています。

〝アンダーマイニング効果〟は、スポーツ界やビジネス、趣味、教育界でもチームメイトや生徒の「モチベーションをあげる理論」として注目されています。自分から実践しようという〝内発的動機〟の方が集中力も生まれ効果があがるのは当然です。

ただ、〝外発的動機〟も最初のきっかけになるという点では無視できません。子どもたちは、経験も浅く視野も狭いですから、大人からの様々なサジェスチョンで興味あることに出会う機会も多くなりますが、大人ペースではなく、子どもの自発性を重んじることには気をつけたいものです。

ご家庭で親が良かれと思い与えた教材や習い事、スポーツクラブなども点検し、〝内発的動機〟を尊重しているか見直しておきたいものですね。その時の点検ポイントは、

・習い事を嫌々やっている。
・スポーツクラブを休みがちである。
・教材に自分から取り掛からず、叱られてからやっている。
・帰ってきて、習い事のことを聞かなければ話さない。
・「やめたい」と言っている。

などの現象があれば、危険信号です。成果が上がらないだけではなく、ケガをする可能性も高くなります。どこまでも子どもの自発性（内発的動機）を重んじる支援を優先していきたいものです。

28　注目される非認知能力

幼少期に重要なのは「認知能力ではなく非認知能力を身につけることである」と言われ注目を浴びるようになりました。

〝非認知能力〟とは、「自己コントロール力」「肉体的・精神的健康」「根気強さ」「我慢力」「他の人とうまく関わる力」「意欲」「自信」などを指します。

従来学校教育で重要視されてきた、「数がわかる」「文字が書ける」「知識が豊富」など、ＩＱとか学力検査、ＯＥＣＤ生徒学習到達度調査などで測れる〝認知能力〟とは一線を画す能力のことです。

この〝非認知能力〟が注目されるようになったのは、ノーベル経済学賞受賞者シカゴ大学のジェームズ・ヘックマンの四十年以上にわたる調査により導き出された結果によります。

彼は、低所得家庭の三～四歳児を二グループに分け、片方に八カ月の就学前教育を施し四十年まで追跡調査を行った結果、

◇意欲や、長期計画を実行する能力、他人との協働に必要な社会的・感情的制御といった、非認知能力もまた、賃金や就労、労働経験年数、大学進学、十代の妊娠、危険な活動への従事、健康管理、犯罪率などに大きく影響する。ヘックマン『幼児教育の経済学』P17

と結論づけ、社会的に見ても、所得税の増収、社会福祉や刑務所の費用低減などで社会的な利益になり「幼少期の介入は経済的効率性を促進し、生涯にわたる不平等を低減する」（同P35）とし、就学前幼少期の教育に力を入れるべきだと主張したのです。

そして、「貴重なのは金ではなく、愛情と子育ての力」（同P42）だと言うのです。

ジェームズ・ヘックマンが幼少期に重要だと指摘したことを整理しておくと次のようになります。（同P42）

・家庭の大切さを尊重し
・文化的感受性を発揮し
・社会の多様性を認識しつつ
・子育ての質や幼少期の環境を高める

では、幼少期を逃すと取り返しがつかなくなるというのでしょうか。ヘックマンは「非認知的スキルの向上を目的とした思春期における改善策は、幼いころの逆境によるダメージをある程度修復できる」（同P41）と言っています。

さらに、同書にコメントを寄せたスタンフォード大学教授のキャロル・S・ドウェックは、

「思春期の子供への心理学的理論に基づく介入で非認知的スキルを伸ばすことができる」（同P66）

と語っています。いずれにしても〝非認知能力〟に注目し子育てをしていくことは大切だと言えそうです。

❀29　傷つきにくい心に鍛える

人生はいつも平穏とは限りません。時には暴風雨のような大変な事態に出会う可能性もあります。十年前の東日本大震災、各地での洪水や新型コロナウイルス。被害に遭われた方や飲食店・観光業を初めとした多くの方の生活が極限にまで追い詰められています。

こんな時に必要な能力とは、どのようなものなのでしょうか。

前回、〝非認知能力〟養成の大切さに触れました。ジェームズ・ヘックマンの論を中心に述べたのですが、もう少し具体的に考えておきましょう。非認知能力は、本人の体験・経験の中、嬉しさ、楽しさ、傷心、失敗、悔しい思いなどをする中で自然に獲得されていくもので、親や教師が教え込むという認知能力とは大きな違いがあります。

では、成長段階でどのようなことを子どもたちは体験・経験するのでしょうか。大雑把にメモしてみましょう。

◆幼稚園、小学校低学年…家族以外の仲間、集団生活、友達との出会い、遊ぶ、親と離れた生活、なになに期・なぜなぜ期、興味あることの発見、知ること学ぶことの喜びなど。

◆小学校高学年、中学校前半頃…仲間優先、学習、劣等感、孤独、いじめ、不安、学校規則、クラス、失敗、勝つ・負ける、没頭、異性への興味、プレッシャー、親離れなど。
◆中学校後半、高校前半頃…得意な教科、恋、失恋、あこがれ、不満、成績不良、仲良しグループ、比較、仲間との確執、喧嘩、クラブ活動、先輩、生活指導、うざい親など。
◆高校後半、大学…親友、仲間、夢、希望、挫折、失望、引きこもり、将来への不安、恋人、夢中、共感性、感情の起伏、大学受験、対外試合、勝敗、旅、自立・自活など。

このようにこれから体験する一部を並べただけでも、子どもたちはこれから様々なことを体験・経験していくことになるのですね。

我々大人も通ってきた道です。どのように乗り越えてきたのでしょう。少し振り返って見てください。多分、いろいろ悩みながら自分の力で乗り越えてこられたのだと思います。私もその頃を思い出すと恥ずかしいことばかりです。中学校以降は、悩みを親・兄弟にも話さず悶々としていたことをほろ苦く思い出します。

子どもたちがこの体験・経験をして行く時、伴走者である親はどんな支援が出来るのでしょうか。口出しや指図、命令などは通じるはずはありません。親は、次のようなことしかできないと思います。

◆愛情　…　子どもの力を信じ、堂々と安定感をもって子どもに接する。
◆見守る　…　いつも静かに子どもの行動や様子を観察し、気配りをして寄り添う。
◆待つ力　…　子どもが自分の力で気づき、乗り越えて行けるようにじっくりと構える。
◆声がけ　…　前向きに行動できる粘り強さにつながる言葉がけ。共感性を持って。
◆毅然とした態度　…　ダメなことはダメとはっきり伝える。

場面や状況、また年齢によっても違ってくるでしょうが、要は「傷つけない子育て」ではなく「傷つきにくい心に鍛える子育て」を目指し、子育てを楽しんでください。

⌘30　あなたは、あなたのままで良い

「園長の問わず語り」も三十回になりました。様々なことを一方的に書いてきたので、「子育ては大変で面倒なものだ」と思われた方もいらっしゃるのではないかと心配になってきました。

大丈夫ですか？　我が子の成長を願って、愛情たっぷりに育てていられるのなら、そのままで何ら問題はないのですよ。

ただ、ジェームズ・ヘックマンのように「子育ての質や幼少期の環境を高める」ことが重要だと言われてしまうと不安にもなりますね。

〝子育ての質〟とか〝環境を高める〟と言われても抽象的で曖昧です。少し点検しておくことにしましょう。ちまたに出版されている育児書や論文、子育ての指南書などで力説されていることの中で、次の五点は繰り返し取り上げられているようです。

【忍耐力】子どもと遊ぶときは、真剣に遊ぶ。

【向学心】親も趣味や夢を持ち、夢中になって挑戦している姿を見せる。

【環境の提供】美術館・劇場・音楽会などに同道し、本物に触れさせる。
【読書好き】子どもに本を読ませたいなら、親が読書好きになる。
【自発性の優先】親の命令や指図ではなく、子どもの意思を尊重する。

いかがですか。どれも当たり前のことですよね。普段、意識しないでも実行されていることばかりではないでしょうか。「子どものために自分を犠牲にして」とか、「子どもを優先して親が我慢する」というのではなく、親も一緒に「楽しむ」というスタンスが一番良いのです。

同じ遊びを繰り返し、親にも強要してくる時や、公園で暗くなるまで遊びに夢中で帰ろうとしない時など、イライラしてしまいがちで、少し【忍耐力】が必要ですが、楽しんで子どもと接してください。

また、スキューバダイビング・園芸・釣り・料理・家庭大工など興味あることがあれば、どんどん熱中してください。子どもは親が楽しんでいる姿を見て、良い刺激を受けることでしょう。親がいつまでも【向学心】を持つことは、大切なことです。

【環境の提供】【読書好き】については、二〇一七年度に文部科学省の実施した「全国学力学習状況調査〝保護者に対する調査〟」において、

・文化施設（知的刺激が満ちている場）に子どもを連れて行く行動を親が取っている場合ほど、子どもの学力が高い。
・家庭の蔵書数が多いほど、子どもの学力が高い。
と報告されています。（参考・榎本博明『伸びる子どもは○○がすごい』日経プレミアシリーズP87、88）。子どもが楽しむ前に親が楽しんでいる姿を見せることは重要なんですね。

【自発性の優先】については、「⚘27」でも触れましたが、人のモチベーションの向上を考えるとき、非常に重要なキーワードです。東大に合格した親に共通していたことが「勉強しなさい、と言ったことがない」

という項目だったそうです。子どもの自発性を重んじた対応をされているというアンケート結果なんでしょうね。

31　ドラえもんのしずかちゃんに学ぶ

『ドラえもん』の登場人物〝しずかちゃん〟をご存知でしょう。周りの人から愛され、頼りにされる彼女のように、子どもたちには育って欲しいものです。一体彼女の魅力は、どこにあるのでしょうか。マンガの一場面から考えてみましょう。

今日は、家でゆっくりしていようと思っていた所、
「今から、いつものドカン広場で、俺の歌のリサイタルをするから、すぐに来いよな！」とジャイアンから言われました。ジャイアンの歌は頭がクラクラして寝込んでしまう程の悪声だと言います。また、誘いを断れば、後でひどい目に遭いそうです。返答も慎重にしなくてはいけない状況です。

あなたならどのように答えますか。また、お子さんの性格を考えると、どのように答えそうですか。例えば…

◆のび太的な対応
「ママと約束が…」

「何、来ないのか殴るぞ」

「うん、行くよ」
◆ジャイアン的な対応
「行かないよ。お前の歌は聞きたくない」

「何、俺の歌が下手だとでも言うのか」

「下手だよ」

と言って喧嘩になる。
◆しずかちゃん的対応
「あら、タケシさん誘ってくれてありがとう。でも、私これからピアノのレッスンがあるの、また誘ってね」

とドアを閉める。ジャイアンは気持ちよく帰る。


しずかちゃんのような、さわやかで気持ちいい自己表現ならトラブルになることはないでしょう。

人の〝自己表現〟の仕方は三つに分けられると言います。（参考・平木典子『改訂版 アサーション・トレーニング』）

◆非主張的（Non-Assertive）：引っ込み思案、卑屈、服従的、自己否定的
◆攻撃的（Aggressive）：強がり、尊大、支配的、他者否定的
◆アサーション（Assertion）：正直、率直、歩み寄り、自他尊重
以上の三つの〝自己表現〟の中で、しずかちゃんの表現方法は「アサーション」と言われる会話になっていますね。感謝→具体的な予定→次回への提言へと丁寧に会話が進んでいます。

普段から家庭でも〝丁寧な会話〟を心掛けていれば、お子さんもしずかちゃんのように魅力的な子どもに成長していかれると思いますよ。

✿32　不幸な子どもたち

厚生労働省から「体罰によらない子育てを広げよう！」というパンフレットが配布されています。本園でも入り口の門のところに置いてあります。ぜひ、お手に取って見てください。

二〇一八年目黒区の結愛（ゆあ）ちゃん（当時五歳）、二〇一九年野田市の心愛（みあ）ちゃん（当時十歳）に代表されるような虐待死が跡を絶ちません。皆さんのご家庭には無縁のことだと思いますが、近辺で事件が起こっているかもしれません。

二〇一六年厚生労働省委託研究班「愛の鞭ゼロ作戦」パンフレットの冒頭では、

◇子育てをしていると、子どもが言うことを聞いてくれなくて、イライラすることもあります。つい、叩いたり怒鳴ったりしたくなることもありますよね。一見、体罰や暴言には効果があるように見えますが、恐怖により子どもをコントロールしているだけで、なぜ叱られたのか子どもが理解できていないこともあります。最初は「愛の鞭」のつもりでも、いつの間にか「虐待」へとエスカレートしてしまうこともあります。体罰や暴言による「愛の鞭」は捨ててしまいましょう。そして、子どもの気持ちに寄り添いながら、みんなで前向きに育んでいきましょう。

とありました。しかし、虐待は減る気配すらみせていないようです。二〇一九年、警察に摘発された児童虐待数は一九九一人と過去最多で二〇一二年以降増加傾向だそうです。また、先週〝産後うつ〟の女性が倍増し、期間も長くなっているというニュースもありました。コロナ禍で、自宅に籠り、相談したり助けを求める人が少なくなっていることが原因の可能性もあります。

未来を託す大切な子どもたちです。周りで困っている人がいれば、子育ての先輩である皆さんが相談に乗ることが出来れば一番ですね。

二〇二〇年厚生労働省のパンフレットには「保護者自身のポイント」として、二点指摘されていました。アドバイスをする時の参考にしてください。

◇否定的な感情が生じたときは、それは子どものどんな言動が原因なのか、自分自身の体調の悪さや忙しさ、孤独感など、自分自身のことが関係しているのかを振り返ってみましょう。

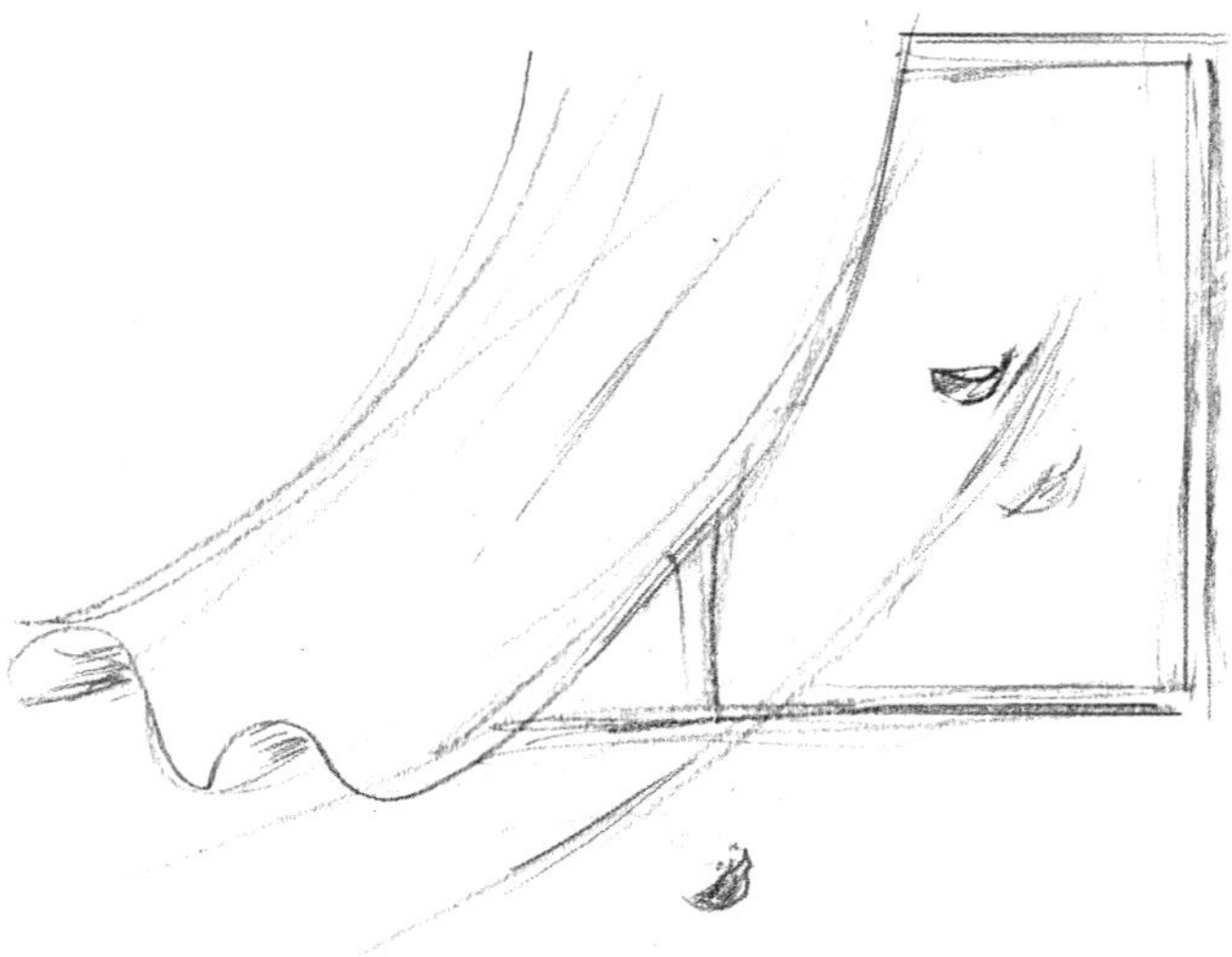

◇深呼吸して気持ちを落ち着けたり、ゆっくり五秒数えたり、窓を開けて風にあたって気分転換するなど、少しでもストレスの解消につながりそうな自分なりの工夫を見つけましょう。

33　ポジティブ・シンキングのすすめ

ジョン・レノンが五歳の息子ショーンのために作った〝Beautiful　Boy〟という愛に満ちた美しい曲があり、その歌詞に、

Before you go to sleep,（眠りにつくまえに）
Say a little prayer,（祈ってごらん）
Every day in every way,（毎日がいろんな形で）
It's getting better and better,（どんどん良くなっていくんだよ）

（日本語訳by音時）

というフレーズがあります。眠りにつく前にポジティブなメッセージを頭に思い浮かべると、考えていることがスムーズに実現する可能性が大きいという〝自己暗示〟の言葉が使われています。

〝自己暗示〟は、フランスの薬剤師・心理学者エミール・クーエが唱え、心理療法などに大きな影響を与えました。彼は、ポジティブシンキングの元祖と言われています。

Day by day, in every way I'm getting better and better.
（日々に、あらゆる面で、私はますますよくなってゆきます）

これは、クーエの〝自己暗示文〟です。
「私はますます良くなってゆく、という言葉を毎日自分に言い聞かせていれば、その言葉通りに良くなってゆく」というのです。しかも、
「晩、床についたら、姿勢をらくにし、筋肉をゆるめ、目を閉じ」唱えると効果が上がるそうです。エミール・クーエ、C．Hブルックス『自己暗示』法政大学出版局
これは、試してみる価値がありそうです。子どもだけではなく、保護者の皆さんも今晩から寝る前に〝自己暗示文〟を唱え、爽快な気持ちで眠ってみてはいかがでしょうか。私も毎晩寝る前に布団の中で繰り返し唱えています。

余談ですが、この自己暗示の考え方は日本では古く江戸中期に臨済宗の中興の祖、白隠禅師によって実践され、書き記されています（『夜船閑話』）。
また、現在では医療、特にガン治療などにも応用されているようです（〝サイモントン療法〟）。

34 〝幸福度〟を伸ばす

目の前にいる子どもたちは、いつも幸せそうです。家族の愛に包まれ、幼稚園の仲間たちとも楽しそうに日々を過ごしています。先生方との関係も良好に見えます。

将来もこのまま「幸せ」に過ごして行って欲しいと願わずにはいられません。

そんな中、「世界幸福度ランキング」で日本は六二位という耳を疑うニュースが流れました（国連二〇二〇年三月二十日発表）。

上位をフィンランド、デンマーク、ノルウェー、オランダなど北欧諸国が占めています。本園の子どもたちはあんなに「幸せいっぱい」のように見えるのに、小学校、中学校、高等学校と進む頃には、自信もなく自尊感情も低くなってしまうのでしょうか。心配です。

以前「子どもたちが世界一幸せな国」（二〇〇七年・二〇一三年ユニセフの調査報告）でオランダが総合一位だった頃、オランダの初等教育（四歳～十二歳）をアムステルダムやユトレヒトなどで数多く見学する機会がありました。

どの学校も、子どもたちの主体的な参加のもと、対人関係の授業や各自が興味のある教材に熱心に取り組んでいました。

オランダは、憲法で教育の自由が保障され、一〇〇の学校があれば一〇〇の教育があると言われるほど国を挙げて教育に力を注いでいます。

さらに、家族もワークシェアやテレワークの進んだ社会の中で、男女とも働き方や生き方を選べ、子どもと過ごす時間が確保出来る環境です。

日本でも、二〇二〇年からの教育改革、コロナ後のテレワークでの自宅での勤務、働き方改革などが始まり、期待されるところです。

さらにオランダ教育政策の基礎にガードナーの「Multiple Intelligence」（多重知能）＝MI理論があることも注目されます。

かつてオランダも非行や学力低下、いじめなどの苦難の時代がありました。そのような中、オランダの「ベルナルド・ファン・レール財団」はハーバード大学のハワード・ガードナーたちに五年にわたって潤沢な研究助成金を与え「人間の潜在能力の性質と実現」についての研究を依頼し、一九八三年、マルチプル・インテリジェンス（多重知能）の理論が発表されました。

この理論は、人間の知性には八つの種類があり、一人ひとりの人間は、そのうちいくつかの組み合わせを個性として持っているというものです。

従来の学力の尺度は、間違いなくIQ（知能指数）が主体で、言語的知能と論理的知能を偏重していました。だから、学校で国語や数学が出来ない子は〝落ちこぼれ〟というレッテルが貼られ、高校進学や大学進学でも苦労しました。

しかし、人間の能力には、音楽的知能、身体運動的知能、空間的知能、対人的知能、内省的知能、博物的知能などもあるという考え方から判断すると、どこにも落ちこぼれは存在しなくなるはずです。

このMＩ理論は、子どもたちのそれぞれの個性を尊重する時、ぜひ知っておきたい理論です。

◇「オランダの保育園や幼稚園、小学校の低学年のクラスには、教室の隅や廊下、踊り場などに、それぞれのスマート（知能）別に、能力を刺激するような教材を集めたコーナーを設け、どの子も交替でいろいろなコーナーに行き、そこで隠れた才能や興味を引き出す仕かけになっています」（リヒテルズ直子『愛をもって見守る子育て』）

多様な子どもたちがそれぞれの能力を引き出せる環境をつくることは、日本でも急務ではないでしょうか。

その手始めにまず各家庭で、子どもが八つの知能のうちどの部分が優れているのか探してみてください。そして、見つかったらさらに図鑑などで調べたり、博物館などに行って子どもの能力を刺激する機会を作ってあげてください。

そして、小学校入学後も子どもの成績だけで一喜一憂せず、子どもが夢中になり一生懸命になっていることを温かく見守って欲しいものです。

❀35　しなやかな考え方

毎日子どもと身近に接し、愛情いっぱいで観察していると、つぎつぎ気になることが出てくるのは親なら誰でも経験のあることです。

「なんでこの子は、こんなにしつこいのだろう」
「よその子に比べて落ち着きがないのでは」
「口が悪い」
「こだわりが強い」
「がんこだ」
「ふざけ過ぎ」

など、考え始めたら欠点が際限なく目につくようになってきます。

しかし、それぞれの悩みを以下のように言い換えて考えてみたら、短所と考えていたことが長所に見えてくるのではないでしょうか。

◆しつこい　　→徹底的に物事にこだわる、粘り強い子どもだ。
◆落ち着きがない→いつも活発で元気が良く、将来活躍するのが目に見えるようだ。

◆口が悪い　→自分に素直で、何物にも物おじしないから、社会で活躍しそうだ。
◆こだわる　→最後までやり通す意思が強く、将来専門家として活躍するだろう。
◆がんこ　→意思が強く、信念をしっかり持って行動することが出来る。
◆ふざける　→陽気な性格で、周りの雰囲気を明るくしてくれる貴重な子どもだ。

このようにネガティブな考えをポジティブに言い直すことを〝リフレーミング(reframing)〟と言います。ある枠組み（フレーム）で見ていた物事を違う枠組みで見ると別なものが見えてくると言う訳です。


リフレーミングの説明でよく使われる例として、コップに半分水が入っている時、

「もう半分しかない」と考えるか、

「まだ半分もある」と考えるかで、気持ちは大きく変わる。


このリフレーミングの技は、非常に大切です。例えば、野球の試合で負けた時、

「自分たちのチームはダメなチームだ」

と考えてしまうなら、そのチームはいつまでも強くは成れないでしょう。それに対して
「今日は負けて、次の試合のために良い経験をした」

とみんなが考えられるチームなら、どんどん強くなっていくと予想できます。また、試

験中に、

「あと二十分しかない」

と思うより、

「あと二十分もある」

と考えた方が集中力も粘りも発揮できるのは、当然でしょう。

さあ、今日からあなたもリフレーミングの実践者になって、家族のみんなを温かい目で見て枠組みを変えて見てください。

そして、家族の皆さんにもリフレーミングの技を教えてあげてください。きっと益々素敵な家庭になっていくことは間違いないことでしょう。

36　ポキッと折れる心

大学を優秀な成績で卒業し、勇んで社会に出た瞬間、ポキッと心が折れて家に引きこもる若者が増えているという話を聞きました。

四十歳〜六十歳の引きこもりが六十一万三千人（二〇一九年内閣府発表）、十五歳〜三十九歳引きこもりは五十四万一千人（二〇一五年資料）と言うのですから、日本の働き盛りの若者たち百万人以上が、引きこもり状態にあるという試算になります。

これは、国家にとって由々しき問題ですが、親にとっても堪ったものではありません。〝８０５０問題〟（八十歳代の高齢になった親が、五十歳代の長期引きこもりの子どもの面倒を見ている状況）として、マスコミでも頻繁に取り上げられるようになりました。

引きこもりの原因としては、

①学校生活でのつまずき

②受験期の失敗

③人間関係のこじれ

④仕事関係による自信喪失
⑤退職・リストラ
⑥病気

など、様々な原因が考えられるようです。しかし、こんなことで大事な子どもを潰されては堪りません。これに耐える力を幼児期から養っておきたいと思いませんか。

困難な場面に出合っても跳ね返してしまう個人の持つ回復力や心の弾力性のことを〝レジリエンス〟(resilience)と言います。レジリエンス活動の前提としては、

・思考の柔軟性
・感情のコントロール力
・自尊感情の獲得
・挑戦力の継続
・楽観的な考え方

などの要素も必要ですが、これらについてはすでに触れてきたところです。

さらに、イギリスの心理学者イローナ・ボニウェルは、レジリエンスは生まれつきの資質ではなく、筋肉のように鍛えられるとして「レジリエンス・マッスル」という考え方を

提唱しています。

加藤紀子『子育てベスト100』（ダイヤモンド社P132）を参考に四つの「マッスル」についてまとめておきましょう。
◆Ｉ ａｍマッスル
「私を肯定する言葉」を考える。
私は優しい。私は頑張れる。私はおもしろい。私はよく笑う。
◆Ｉ ｃａｎマッスル
「私ができること」を考える。
弟や妹の世話ができる。お手伝いができる。歯をみがける。
◆Ｉ ｈａｖｅマッスル
「私が大事にしている人や物」を考える。
優しいお母さん。力強いお父さん。大事にしているぬいぐるみ。
◆Ｉ ｌｉｋｅマッスル
「私の好きな物」を考える。
サッカー。ウルトラマン。ダンス。歌。イチゴ。ケーキ。

そして、保護者は「共感」と「信頼」を子どもに伝えることが大切だと言っています。

「※20」の〝私はやればデキル〟でも、困難にぶつかったときの対処について触れました。

みなさんも子どものレジリエンスが育つ環境を整えるための支援をしてください。

※37 親子の会話

三～七歳は、子どもの〝語彙力〟が飛躍的に伸びる時期です。家庭、幼稚園、仲間、本との出会いでどんどん言葉を獲得していきます。

その中でも親との会話は重要であるようです。二〇一六年ベネッセの「第一回現代人の語彙に関する調査」では、読書や社会への関心の高さが〝語彙力〟の獲得に大きな要素であることは当然として、親との会話について、

◇高校生・大学生では、親と話す機会が「よくある」と答えた人の語彙力は六七・八％で、「まったくない」と答えた人より一〇・五ポイント高かった。朝日新聞2016年9月30日

と指摘しています。また、東北大の川島隆太教授たちの脳科学の研究でも、

◇親子で多くの時間を過ごすこと、会話を持つことが言語関連脳神経機能の良好な発達に重要である。しかもこれは、小児期だけではなく発達期においても通用する。2015年1

と報告しています。親子の会話の重要性は疑いのないことだと言えそうです。とは言っても、子どもはまだ語彙力も少なく、まとまりない話をするので親はつい待ちきれず、助け舟を出してしまいがちです。

よく指摘される次の四点には注意して、子どもの主体性を優先した会話になるよう努力してみてください。

◆子どもの先回りをして相手の言葉を奪わない。
◆ゆっくり考えながら話す子どもを忍耐強く待つ。
◆子どもの話したことを言い換えたり他の表現に置き換えて語彙力を増やす。
◆親が話すときは、単語ではなく文章（センテンス）で話す。

また、語彙力を増やすためには、〝しりとり〟〝連想ゲーム〟〝クイズ〟〝創作ものがたり〟などの言葉遊びを家族みんなでやることも有効のようです。

❀38　あなたはあなた、わたしはわたし

親は子どものために自分を犠牲にしてでも尽くすものだと思いがちですが、これでは息がつまり、どこかで爆発する可能性があります。

「親は努力しても無理はしないこと!!」

が、子育ての鉄則であると私は思っています。

親にストレスが溜まり不安定になれば子どもへ悪影響が出てしまいます。以前、

「親は親、子供は子供、教師また」

と言う言葉をある保護者から教えられたことがありました。親との三者面談で、ある熱心な教師が親に同調して子どもの欠点を次から次へ指摘した時、母親が怒って席を蹴って立ち、校長室に訴えに来た時の言葉でした。

親も子どもも教師もそれぞれの立場で一生懸命生きているのです。

わたしはわたし
あなたはあなた

わたしはわたしのために生き
あなたはあなたのために生きる
わたしはあなたの期待に応えるためにこの世に生きているわけじゃない
そして
あなたもわたしの期待に応えるためにこの世に生きているわけじゃない
あなたはあなた
わたしはわたし
もし二人が出会えればそれは素晴らしいこと
出会えなくてもそれはやむをえないことだ

この詩は、ゲシュタルト療法の創始者、ドイツの精神科医フレデリック・S・パーズルが講演会などで唱えていたという〝ゲシュタルトの祈り〟です。日本語訳もいろいろ出ていますが、私にはここに掲げた訳が一番しっくり来る気がしています。

この世に生を受けたものは誰もがそれぞれに大切な人格を持って生まれます。それを、邪魔したり阻害したりすることは絶対許されない行為です。

自分の子どもだからどのような手段でしつけ育てようが勝手だと言う人がいますが、それは間違っています。どの子どもも尊重されて当然の人格を持っているのです。それを傷つけることは、親といえども許されないことです。

これと同じように、母親も父親も自分らしく生きる権利が保障されているはずです。だから当然のこととして親も子育て以外の趣味や仕事、友だちとの食事会や旅など、外に出かけ自分らしく生きる機会も作って欲しいものです。

その為には、子育てを一人で背負おうと力まず、日頃から祖母や祖父、叔父や叔母などと〝愛情のネットワーク〟を構築しておければ良いですね。幼児期は、目を離さない子育てが必要ですが〝愛情のネットワーク〟を利用してホッとする時間も確保してください。

39 そっと背中を押す

親や教師は、目の前の子どもたちの幸せのために一生懸命面倒を見ているつもりです。しかし、親や教師からの指図・命令やアドバイスが多ければ多いほど、子どもにとって鬱陶しく、やる気をくじくものになっていることが多いようです。

では、どのように子どもたちを応援すればいいのでしょうか。国語教育界の先達、大村はま先生が恩師から教わったという「仏様の指」というエピソードが『新編 教えるということ』（ちくま学芸文庫P156）に載せられています。

◇仏様がある時、道ばたに立っていらっしゃると、一人の男が荷物をいっぱい積んだ車を引いて通りかかった。そこはたいへんなぬかるみであった。車は、そのぬかるみにはまってしまって、男は懸命に引くけれども、車は動こうともしない。男は汗びっしょりになって苦しんでいる。いつまでたっても、どうしても車は抜けない。その時、仏様は、しばらく男のようすを見ていらしたが、ちょっと指でその車におふれになった。その瞬間、車はすっとぬかるみから抜けて、からからと男は引いていってしまった。

もし、仏様が車を引っ張ったり押したりして、ぬかるみから抜け出すのを手伝ったとすれば、この男は仏様に感謝こそすれ、今後も同じ状況に陥った時、誰かの力を頼りにしなければ抜け出せないと思ってしまうことでしょう。

それに対し、このエピソードの場合、男は、自分の力でぬかるみを抜け出すことが出来たと、大きな達成感や自信を持ったと想像できます。

だから、またぬかるみにはまることがあっても、自分の力で抜け出すことに挑戦するでしょう。

また、別な窮地に陥ることがあっても頑張ればできるという自信から根気強くやり遂げようとするのではないかと思います。

実際に自転車に乗ったり逆上がりの練習などで、成功した時の子どもの満足感は大きいものです。同じように学習や習い事などでも「自分で出来た」と思えるように指導したり、声がけすることは重要なことです。

「自分で出来た」という達成感・充実感は、大きな自信につながります。将来、親から離れ一人で生きて行く時、自信に満ちた、真の強さが身についていれば、どんな困難にぶつかっても乗り越えて行けるのではないでしょうか。

さあこれからは、子どもを引っ張って叱咤激励するのではなく、そっと背中を押す程度で、本人が自信や、やる気を獲得できるように、子どもと向き合ってみてください。

40　子どもの話を聞く力

町はずれの円形劇場あとに迷いこんだ不思議な少女モモのことをご存知ですか？

今、再ブレイクしているミヒャエル・エンデ作『モモ』の登場人物の女の子です。その町の人たちはモモに話を聞いてもらうと、幸福な気持ちになって、悩みを自分たちで解決していくことが出来るようになります。町のみんなは、なにかことがあると「モモのところに行ってごらん！」と言うのです。一体、彼女にはどんな力があったのでしょうか？

◇小さなモモにできたこと、それはほかでもありません。あいての話を聞くことでした。なんだ、そんなこと、とみなさんは言うでしょうね。話を聞くなんて、だれにだってできるじゃないかって。でもそれはまちがいです。ほんとうに聞くことのできる人は、めったにいないものです。そしてこのてんでモモは、それこそほかにはれいのないすばらしい才能をもっていたのです。ミヒャエル・エンデ『モモ』岩波少年文庫P23

私たちも毎日子どもたちの話を聞いています。一体モモとどこが違うのでしょう。

もちろんモモのような素敵な聞き方をされている方もあるでしょう。そのように聞いてもらえる子どもは幸せですね。ぜひ、そのような方から学んでみたいものです。

日常の会話を点検してみましょう。子どもが、

「〇〇のこと大嫌いだ！」

と言った場面を想定してみてください。みなさんならどのような聞き上手になれますか。

「〇〇のこと大嫌いだ！」

「なぜ？　どうして？　何があったの？　あんなに仲が良かったのに。仲直りしなさい」

などと質問・尋問・詮索・説得・命令などになることが多いのではないでしょうか。モモなら、どうでしょうか。

「〇〇のこと大嫌いだ！」

「そうなの」

「だって〇〇、おもちゃを取るんだもの」

（沈黙）

「僕にも悪いところがあるんだけどね」

（頷く）

「○○が『貸して』って言った時、『イヤだ』と言ったんだ」

「へ～」

「仲直りしたいんだけど、どうしたら良いかな?」

「どうしたら良いのかしら」

というように続くのではないでしょうか。

このように、言葉をあまり使わない会話は、じれったくて我慢できないのが普通です。ただ、相手中心に話を聞くという態度は「寄り添う」「見守る」と言われ、相手の主体性を大切にする聞き方です。

難しく、何度も練習を必要としますが、カウンセリング的な〝傾聴〟を学ぶときには必須のアイテムです。

41　人は見た目が大事？

男の子が、お父さんそっくりの歩き方や寝相をしていたり、女の子が、お母さんと同じ言葉遣いでお父さんをたしなめたりしている姿に出くわされたことがあるのではないでしょうか。

子どもは、普段から親の行動や話し方を学習しているのですね。ほほ笑ましい限りです。このように子どもは柔軟で、親の一挙手一投足に影響を受けているのが事実であるならば、親の行動には気を付けたいものですね。

アメリカの心理学者アルバート・メラビアンが、人は、相手を認識するときに何を重要視するかという実験で「メラビアンの法則」を提唱しました。「三Ｖの法則」とも言われ、人が影響を受ける因子として、三つのＶ（言語、聴覚、視覚）の影響力を次のように分析しました。

◆七％がVerbal（言語情報：言葉そのものの意味・話の内容等）
◆三八％がVocal（聴覚情報：声のトーン・速さ・大きさ・口調等）

◆五五%がVisual（視覚情報：見た目・表情・視線・しぐさ・ジェスチャー等）

この数字が、一人歩きをして、日本では『人は見た目が9割』（新潮新書）という超ベストセラー（一九〇万部）まで現れました。

そして、就職活動の面接対策セミナー、営業セミナー、自己啓発書、話し方教室などでこの解釈がよく用いられるようになっているので、皆さんも耳にされたことがあるのではないでしょうか。

確かに、言語情報より視覚情報や聴覚情報を多用していることは頷けます。「嫌な感じ」「変な人」「嫌いなタイプ」「いけ好かない」などの感覚を思い出してみて、その根拠を考えてみると納得できるのではないでしょうか。

話の内容や理論、説教など言葉を通して子どもを導いて行くことは難しいことなのですね。

以上のことを考えると子育てでも、怖い顔やヒステリックな声で叱ることが多くなれば、繊細な子どもの心に悪い影響が起きるのは、当然予想されます。

もちろん、危険な行動や法に抵触する行為などをした時は、真剣に叱ることは必要ですが、普段は子どもが安心して生活できる視覚情報や聴覚情報を提供していきたいものです。

それは親が子どもの手本になるような言動や生活をして行くということなのでしょうね。

(注) この「メラビアンの法則」の実験は、「好意・反感などの態度や感情のコミュニケーション」において「メッセージの送り手がどちらとも取れるメッセージを送った」場合、「メッセージの受け手が、声の調子や身体言語といったものを重視する」という事を言ったに過ぎなかったのですが、普段の生活で納得しやすい内容であったため、「見た目が重要」という風に多く使われるようになったようです。

42　子どもの自立

「蛾がまゆから出ようとする時、外からナイフで穴を開けるのを手伝ったら、その蛾は空を飛ぶことができなかった」

という画家レンブラントの有名な逸話があります。

子育てでもこれと同じように本人は欲していないのに親が良かれと考え、先回りして一方的に与えたり、指示したりすると子どもは未来に飛び立つことが出来なくなるかも知れません。恐ろしいことです。

かつて中学校の教師をしていた時、提出物を忘れた生徒に事情を聞いていると、突然

「お母さんが入れ忘れたんだ。お母さんが悪い！」

と叫んだので驚いたことがあります。これでは、いつまでも親離れ・子離れが出来ないと考え、その親に子どものことはできるだけ本人に任せるよう話し合い、さらにクラスの保護者と「過干渉」についての学習会を継続的に行ったことがありました。

お母さん方にとって男の子はいつまでも心配で、面倒を見ていないと何もできないと考え、子離れできない方が多数いらっしゃいました。

女の子でも手をかけ過ぎることは、子どもの自立に悪い影響を与える場合もあることでしょう。

「愛情たっぷり」に育てることと「過干渉」とは違います。その点を理解して子どもの未来が輝けるような接し方が必要ですね。

啐啄（そったく）という熟語があります。「啐」は、卵の殻の中で鶏のヒナが孵化しようとして鳴く声、「啄」は、母鶏が外から殻をコツコツとつつく音です。内と外のタイミングが一致した時、ヒナは元気に誕生するのです。

この言葉は、禅宗で啐啄同時（そったくどうじ）と言って大切にされている教えです。家庭の親子関係でも、学校の学習にも通じる意味深い言葉です。

「馬を水辺に連れて行くことができても、水を飲ますことはできない」ということわざもあります。子どもが学ぼうという意思がないのに、教材を買い集めたり、塾に通わせても効果は現れないばかりか、逆に勉強嫌いになったり、親との確執になったりとマイナス面も懸念されます。

それでは、どのように子ども「やる気」を引き出して行けば良いのでしょうか。

◆機会…絵本、読書、博物館、音楽会、劇場、旅行、家庭でのコミュニケーション等

◆憧れ…夢中になれるもの、あこがれるものとの出会い。信頼できる仲間。親。

◆環境…子どもの思い、好奇心、時間、行動などを支援し、邪魔をしない。
◆尊重…本人の意思を優先し、やりたいようにやらせる。
◆見守る…本人に任せた後は、助言は出来るだけ慎み、口を挿まない。
の五点が大切だと私は思っています。

✻43　子育ての極意

日本の中世頃から知識層の必読の書であったと言われる中国の『古文真宝（後集）』（明治書院Ｐ308）に、植木の名人カクタクダの話が載っています。正式には「種樹郭橐駝伝」（しゅじゅかくたくだでん）というタイトルで、唐代随一と言われる文筆家柳宗玄が書いたものです。

タクダが植えた樹は、良く根付き大きく実り隆盛を極めたため、長安の都の貴族や富裕層、並びに果実を扱う人々は、こぞってタクダを訪問したり招いたりして教えを乞うたと言います。植木の秘訣について聞かれた時、タクダは次のように語っています。

◇私にはべつだん秘訣といったものはありません。ただ樹木の自然の天性にしたがっているだけです。木というものは、根が広がり、土が平均にゆきわたって、古土が落ちず、つき固めが十分であることを要求するものです。これだけの条件をととのえてやったあとは、二度と動かしたり、心配したり、ふりかえるようなことをしてはなりません。その植える時には子を育てる気持ちでしますが、植えたあとは捨て子にする気持ちが大切です。そうすれば木の天性が十分に発揮されることになります。ですから、私は木の成長を妨害しないだけで、別に木の成長を促進させるわけではありません。

ところが世間の人の木の植え方を見ていると、最初の植え方が悪いこともありますが、あまりにも木のことを気にかけ、可愛がりすぎるのです。朝夕となく木の様子を見て、なでさすったり、ひどいのになると、木の膚に爪をいれて活着をためしたりします。これでは木もたまったものではありません。木を可愛がるつもりで、かえって大きな害をあたえているのです。森三樹三郎『老子・荘子』講談社学術文庫P35の要約を引用

千三百年も前の植木職人の話ですが、子育ての真髄も語っていて興味が湧きます。柳宗玄も感動して文字に残したのでしょう。

「植える時には子を育てる気持ちでしますが、植えたあとは捨て子にする気持ちが大切です」や、

「私は木の成長を妨害しないだけで、別に木の成長を促進させるわけではありません」

などは、現在の子育てにも十分通用する含蓄のある言葉だと思いませんか?

幼児期には、生きて行くための基礎や土台を丁寧に育んで行く必要がありますが、その後は距離をとって、子どもの天性に任せる勇気が必要だと言うのです。

また、子どもの成長の邪魔をしない心構えも説いています。ぜひ、カクタクダの話の「木や樹木」を「子や子ども」に置き替えてもう一度読んでみてください。参考になることが一杯あるのではないでしょうか。

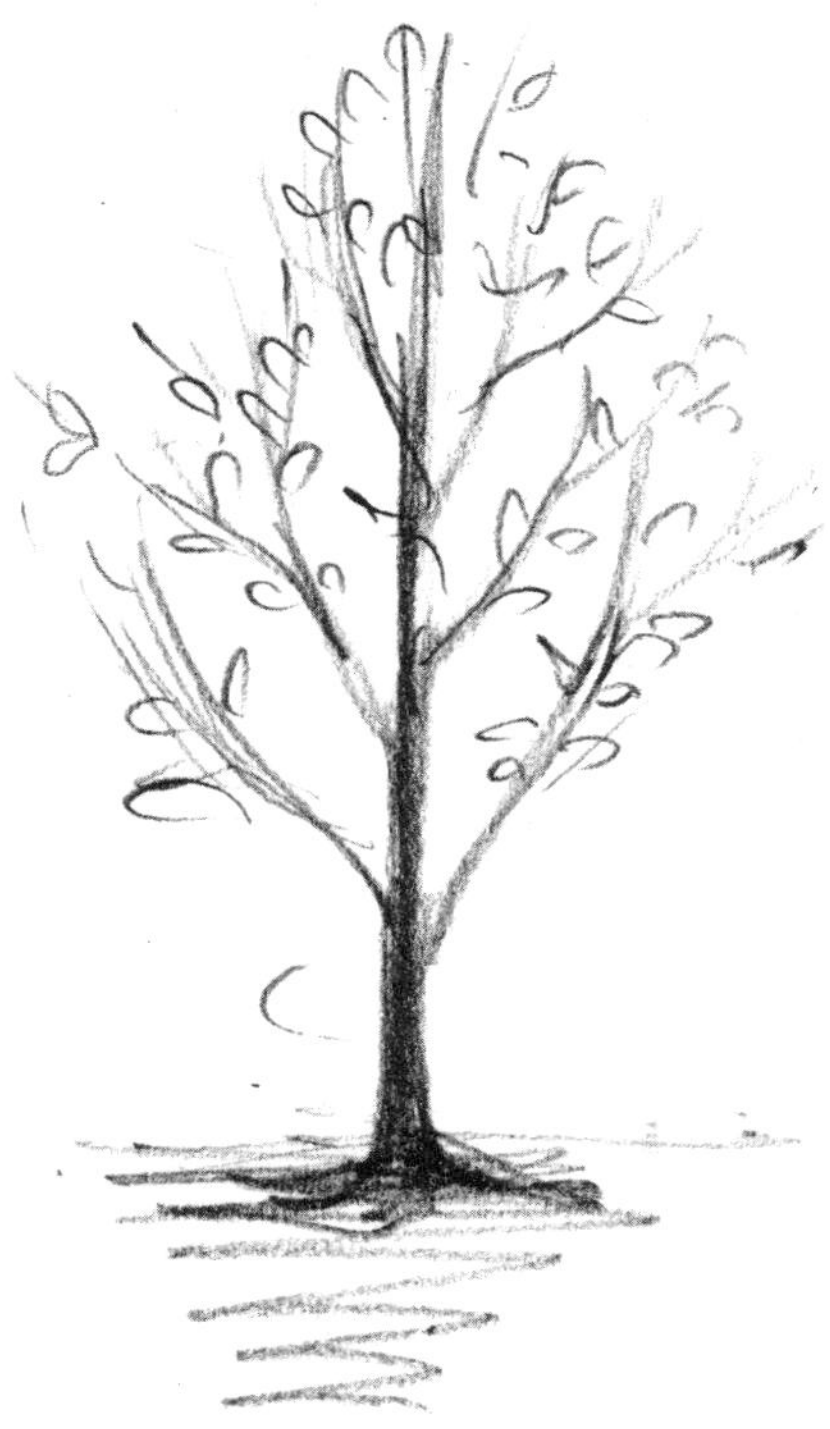

44 ダメなものはダメ

〝防衛機制〟という言葉があります。難しいことや面倒なことに出合うとチャレンジすることをやめてしまったり、参加することを投げてしまうような心理状態のことを指します。

原因としては、周りの期待に応えられない恐怖や失敗することへの不安などから自分を守ろうと防衛する健全な心の働きから起こります。だから無茶なことや危険なことから自分自身を守るためには重要な働きをしていると言えます。

しかし、この度が過ぎると新しいことやワンランク上の難しいこと、嫌なことに出合うと、挑戦する気持ちが起こらず、逃げたり避けたりすることが起こり、成長の妨げになる場合もあります。

これは、様々な現象として現れ、神経症的な症状が出ることもあります。幼児期では、つぎのような行動が見られるのではないでしょうか。

◆攻撃…妹や弟、物などに八つ当たりをしたり、奇声を上げたりする。
◆逃避…その場から逃げ出す。引きこもる。消極的に身を守る。

◆退行…赤ちゃん返りや指しゃぶり、夜尿症などを無意識にするようになる。
◆抑圧…嫌な思いを我慢する。嫌々行動する。感情をごまかす。
◆合理化…理屈をつけて正当化する。言葉でごまかす。

私の孫が四歳になった頃、家族で百人一首の札を使って「坊主めくり」のゲームを楽しんでいた時のこと。

前半は我慢していた彼は、後半に入り「坊主」の札が出て、ためていた札をごっそり取られた時、奇声を上げ大暴れして、ゲームの進行を妨害しました。そして「ヤメた、面白くない！」と捨て台詞を放ち、隣の部屋に逃げて大人たちがゲームを続けるのを遠くから眺めていました。

いつも家族の中心に居て大切にされていた彼は、負けて「自分の地位が崩れることの恐さ」を実感しての行動だったのでしょう。抑圧・攻撃・逃避・合理化を駆使して自分を守ろうとしました。これこそ〝防衛機制〟の発露だったのだと思います。

この時、もし周りの大人が助け舟を出し、彼に嫌な思いをさせないように計らっていたら、この「恐さ」を経験するチャンスを逃がしてしまったでしょう。

また、ルールを無視する行為を叱りつけてしまったら、彼は今後家族でのゲームに参加することを敬遠するようになり、家族の輪が崩れてしまうことも起こりえます。

このように「自分の思い通りにいかなくなった」時、子どもが奇声を挙げたり、攻撃的になったり、逃避したりすることは、よくあることです。大人は子どもの一挙手一投足に惑わされることなく、平然とルールや常識に従って行動してください。子どもたちは、大人たちの毅然とした態度から多くのことを学ぶことになるでしょう。

❀45　スマホとの上手な付き合い方

大人にとってスマホは生活必需品です。持たないで家を出たら不安な気持ちになり、仕事も手につかなくなる程です。子どもにとっても同じ状態が始まっています。

文部科学省が、二〇二〇年中学校へのスマホや携帯電話の持ち込みを条件付きで認めることになりました。その条件とは、

①ルールを決める。

②学校での管理方法の徹底。

③フィルタリングの設定。

④危険性の指導。

の四つです。スマホの所有率に対する調査（東京都二〇一九年度）では、高校生九二・四％、中学生七五・四％、小学校高学年三四・六％だったそうですから、かたくなに否定することもできなくなりました。ＡＩも組み込まれていて本当に便利なものです。

しかし、親としては不安も頭をよぎります。女の子ならＳＮＳの使用で犯罪に巻き込まれないか、男の子ならゲーム依存症になって勉強に身が入らなくなるのではないかなどと

心配が尽きません。

仙台市教育委員会と東北大学加齢医学研究所が二〇一〇年から連携し、七万人の小中の子どもを対象に数年間にわたって行った大規模調査では、

◇スマホ等を所持していると学力が下がる、所持していないと学力は上がる、所持していたとしても所持をやめると学力は上がる、逆に所持していなかったのに所持をするようになると学力が下がる傾向がある。スマホを捨てれば、偏差値十向上も夢ではない。『スマホが学力を破壊する』集英社新書P70

という結果が導き出されたと「脳トレ」で有名な東北大の川島隆太教授が解説されています。

しかし、スマホの利用価値の大きさを知った今、簡単にスマホを捨てることなどできるものではありません。いかにスマホと上手に付き合えるかが、今後の大きな課題です。

幼児期から、スマホを使うための以下の重要な三つの力を身に付けられるようにしていくことが重要だと考えます。

・判断力…危険察知能力、相手に対する配慮、自己防衛力、著作権や肖像権。
・責任力…行動には自己責任が伴う、ネット社会のマナーやルールを守る。
・自制力…やることの優先順位を決める、知らない人に会わない、時間管理。

これらの力を付けるためには、普段からニュースや新聞などを見ながら家族で、スマホ社会の危険性や犯罪性などを話し合う機会を意識して持つようにして、子どもたちが自分で自然に判断したり自制したりできるように支援して行くことが重要だと思っています。

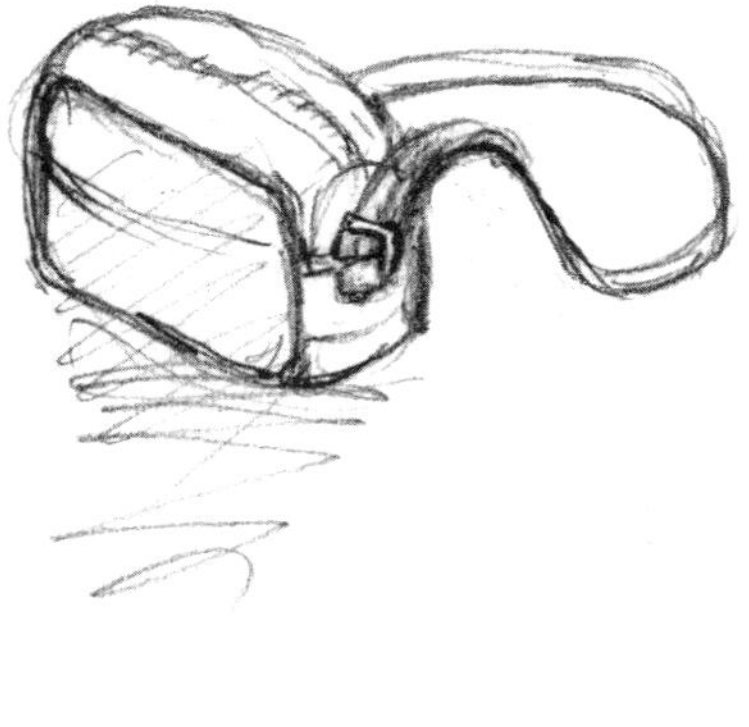

✿46　小学生になったら

近隣の小学校の先生方から、
「先生の幼稚園出身の児童は、しっかりイスに座り、人の話を聞く態度ができていて感心している」
というような嬉しい話を度々聞きました。小学校以降の学びの世界ではイスに座って話を聞くというのは、当たり前のことだと考えていましたが、現実には〝小一プロブレム〟と言われる現象が起こり悩まされている小学校も多いようです。

小一プロブレムとは小学校入学後、教師の話を聞かない、指示通りに行動しない、勝手に授業中に教室の中を立ち歩いたり教室から出て行ったりするなど、教室での秩序が成立しない状態が継続することを指します。

これは、幼稚園・保育園と違い、小学校では勉強（座学）中心で、時間割に沿ったスケジュールで動くというギャップの大きさも一因であると言われています。

しかし、この現象は担任やベテランの先生方の努力で落ち着いた教室に徐々になっていくものです。

これによく似た現象で高学年になって〝学級崩壊〟が起こることがあります。文部科学省は「学級がうまく機能しない状況」という表現を使っています。

一度はまとまっていたクラスが崩壊していくのですから、親もあせって、ついつい担任や学校の責任を追及してしまいがちです。

私の次男が五年生の時、学校朝礼をしている様子を見に行ったことがありました。他のクラスは前を向いて校長先生の話を聞いている中で、息子のクラスだけは、列がジグザグで後ろや横を向いて自由に振る舞っている子が何人かいました。

担任は生徒の意見を尊重する先生で、算数の時間でも「外で遊びたい」と言うと体育の授業になることもあったそうです。

子どもたちは先生の言うことを聞かず、無秩序なクラスだと聞きました。私も先生とゆっくり話す機会があったのですが、子どもの自主性を重んじ、自由な教育理念を持っている学識の高い先生でした。小学校ではなく、名門の中学や高校などで教えていれば名教師になっただろうにと残念に思いました。

きりん組の皆さんは、もう少しで小学校に入学ですね。本人も保護者の皆さんも楽しみにされていることと思います。このような先生に出会わないことを願いますが、出会ったとしても焦らずにじっくり構えてください。長い人生の中では一瞬のことです。でも、小

学校・中学校などで「困った先生」に万が一出会った場合は、

・家庭では、教師や学校の悪口は言わない。
・学校内の信頼できる先生とコンタクトを取り状況を把握しておく。
・子どもの言葉や行動が乱れたら毅然とした態度で正す。
・他の子に同調し、悪いことをした場合は真剣に先方に謝る。
・学習の遅れが生じる恐れがある場合は、カバーする対策をとる。

大丈夫です。あなたの子どもは、どんな場面に遭遇しても乗り切っていく力があるはずです。家庭という安心できる砦があるのですから。

⌘47　未来を生きる子どもたち

以前「旧弊の教育では未来の人材を育てることはほとんど不可能」だと書いてしまいました。戦後七十六年間の教育は日本の発展に大きな貢献をしてきたことは事実です。

しかしこれは、工業化社会において実直な労働者を作るためのシステムとして効果があったという点で評価されているに過ぎません。一％のエリートと九九％の労働者の養成のために戦後の教育は貢献してきたのです。

その教育のバックボーンに「ヒドゥンカリキュラム」（隠れたカリキュラム）が存在していました。例えば、「遅刻欠席厳禁」「時間割通りに行動する」「チャイムが鳴れば指定された座席に座る」「私語禁止」「校則を守る」「制服着用」「先生に従う」「居眠り厳禁」など、学校のフォーマルなカリキュラムの中にはなく、意図しないままに教え込まれてきたことを思い出します。

特に生活指導と称して頭髪検査や持ち物検査など嫌な思い出のある方も多いのではないでしょうか。

しかし「工業化社会」は縮小され、ＡＩ（人工知能）ＩＣＴ（情報通信技術）、そしてロボット主役の時代に突入しました。
「二〇一一年度にアメリカの小学校に入学した子供たちの六十五％は、大学卒業時に今は存在していない職業に就くだろう」（キャシー・デビットソン二〇一一）
「今後十年から二十年程度で約四十七％の仕事が自動化される可能性が高い」（マイケル・オズボーン二〇一三）
「日本の場合は四十九％の仕事が自動化される」（野村総研発表二〇一五）
というのですから、教育界も大きな変革が迫られて当然です。
日本の親の多くは、思いやりのある子、従順な子、感情をコントロールできる子に育って欲しいと願ってきた気がします。
しかし、これだけでは、二〇二〇年代三十年代、生き抜けるのか不安になります。今まで触れてきたことと重複しますが、次の五つの項目をもう一度振り返っておきたいものです。

【信頼関係の確立】　安心できる人や家族がいる。尊敬できる人がいる。仲間がいる。
【自己肯定感の獲得】　私は、やればできる。やりたいことがある。ヤッター貯金。
【非認知能力の養成】　耐え抜く精神力、頑張る意欲、楽観性、没頭する集中力。
【想像力の育成】　五感を磨く、色々なことに挑戦する、相手の立場を考える。

【協働性の認識】　仕事を分担する、仲間と行動する、他人と協力する、人に頼る。どれも当たり前のことばかりで、ことさら意識しないでも大丈夫と思われる方も多いことでしょう。しかし、何もしないで自然に身に付いていく訳でもありません。幼児期に大人が気を付けて、そのような環境を作り出すことが大切だと私は考えています。

もちろん、幼稚園での日々の活動もその一つですが、それ以上、常に接している保護者の考え方や意識の持ち方も「未来を生きる子どもたち」には、非常に重要になってくると思っています。

✿48　信頼関係を創る

あなたは、子どもが小学生や中学生に成った頃、信頼される親になっていると思えますか?

子どもが失敗や挫折をした時、また悲しかったり悔しく泣きたくなった時、あなたが居ることで元気を取り戻し、新たな挑戦に立ち向かっていけるパワーを発揮できる。そのような存在に成れれば、どんなにか素晴らしいことだと思いませんか? それは子どもにとっても幸せなことです。その信頼の土台を作るのは今の幼児の時です。しかし、いつも身近にいることで悪い点が目につき、怒ることが多く、お互いに気まずくなってしまうこともあるでしょう。

親子だから将来のことも心配になり口をはさんでしまうこともよく理解できることですが、信頼関係を崩すことに繋がることだけは避けたいものです。

お互いに信頼し合っている関係、一緒にいて居心地のいい関係のことを〝ラポールが形成されている状態〟といいます。家族は、そんな状態であって欲しいものです。

〝ラポール形成〟のためには、お互い相手を尊重し合い、質の良いコミュニケーションを取ることが重要です。

とは言っても日本人は「以心伝心」「言わぬが花」「阿吽の呼吸」などと「言わなくても分かるだろう」と自分の意思を表現しないことが美徳だとされる風土があったため、コミュニケーションが苦手な人が多いようです。

コミュニケーションの基本は、相手の話を「聞く力」です。かつて、中学生や小学生の保護者と「子どもの話の聞き方」という学習会をした時にグループから発表されたマイナスの要素を整理すると、

◆きき方①：無関心

相手を見ない、あくびをする、スマホをいじる、質問をしない、うなずかない、忙しい時にと腹が立つなど。

◆きき方②：傲慢

相手を見下す、足や腕を組む、一方的な意見を言う、話を途中でさえぎる、えらそうなあいづちをうつ、指示する、馬鹿にするなど。

◆きき方③：決めつけ

自分の体験や経験を話す、子どもの話を聴いていない、先入観で決めつける、押し付ける、推測、話を盗むなど。

の三つのパターンに集約されました。どれも悲しくなりそうで、相談しなければ良かったと思わせる項目ばかりです。

では、どんな話の聞き方だったら良いというのでしょうか。カウンセリングやコーチングなどの学習で最初に訓練する「傾聴」のスキルでは、

◆きき方④：傾聴

相手を尊重する、相手の目を見る（見つめすぎない）、共感する、あいづちをうつ、笑顔できく、確認する、「へーすごい」などと感心する、身を乗り出してきくなど。

この聞き方には、相手の立場を大切にして向き合っている「愛情」が感じられます。「愛情」の反対は「無関心」だと言われます。子どもに関心を持たないことなど有り得ないと思われがちですが、日常生活の忙しい中では、うっかりやってしまうことは誰にでもあることです。

今日一日だけでもしっかり子どもを抱きしめ、話を聞いてあげようと意識してみてください。子どもの素敵な笑顔に出会えると思いますよ。そして、親子の信頼関係がさらに深まることでしょう。

✿49　自己肯定感を持つ

「私はやればできる」「大丈夫」「応援してくれる人がいる」「いつもツイてる」「なんとかなるさ」と考えられる人は、社会の荒波を乗り越えていける強い〝自己肯定感〟をも持っている人と言えそうです。

逆に「できるだろうか」「不安だ」「人の目が恐い」「前にも失敗した」「また恥をかくのではないか」「私はダメだ」という思考の人は、上手くいかない確率が高くなるのではないでしょうか。

誰にでも後悔や不安はあるものですが、よく考えてみると「後悔」とは過去のことですから、今さらクヨクヨしても変えられるものではありません。

また、「不安」は、未来に対するもので、まだ結果は出ていないことですから考えること自体、意味のないことです。

このように人間の悩みは「過去の後悔」と「未来への不安」から起こることが多いようです。だとすれば、行動する時は〝here and now（今ここで）〟を大切にすれば良いことになります。

しかし、場面や環境、体調などでも自己肯定感は左右されるのでやっかいです。大人も会社で失敗したり、家庭で気まずいことがあれば落ち込んでしまうのは当然ですよね。

ただ、「次回は認めさせてやる」「なんとかなるさ」「なにくそ」などと前向きに考えられる人の悩みは長く尾を引くことはないでしょう。子どもでも同じです。そのような自己肯定感を持てるように幼児期のうちから備えられれば良いですね。その為に、

◆信頼関係…どんな時でも私を応援してくれる人がいる。あこがれの人がいる。
◆比較の排除…他人や出来る人と比較しないで、その子の成長に焦点を合わせる。
◆成功体験…スモールステップの課題で「ヤッター」と思える成功体験を多くさせる。
◆プラスの言葉がけ…すごい、やったね、さすが、ありがとう、助かる等の声をかける。
◆親自身の「自己肯定感」を上げる…親が落ち込めば、子どもに伝染する。

などのことは、出来るのではないでしょうか。

幼児の頃は、普通の環境ならば自己肯定感に満ち満ちているものです。その環境を守ってあげたいものです。

それに対して大人は長く生きてしがらみもあるので自己肯定感が低くなり、少しのつま

ずきを気にしたり、悩んだり鬱になってしまう人も多いようです。

親の自己肯定感が低くなれば子どもへの悪影響も懸念されます。もし、そのような傾向のある方は自己肯定感を上げる工夫をしてください。その参考として中島輝氏の『何があっても「大丈夫。」と思えるようになる　自己肯定感の教科書』（SB Creative）は事例も多く、対応策も具体的なので参考になると思います。

50 〝想像力〟を育てよう

子どもたちが、大学を出て就職する頃、今は存在していない職業に就く確率は非常に高いという話をしてきました。また、ＡＩの進歩でほとんどの仕事はロボットが行うであろうことも容易に想像できることです。

そのような時代に生きていく子どもたちの〝想像力〟を鍛えておくことは非常に重要になってきます。

想像力（イマジネーション）とは、人の気持ちが分かる、相手の立場を理解し共感できる力です。また、固定観念にとらわれないで物事を多角的に見て、新たな発想が可能な考え方を持つということです。アインシュタインも、

「想像力は知識より大切だ。知識には限界がある。想像力は、世界を包み込む」

と言いましたが、今や知識をどれだけ多く詰め込むかより、困っている人に共感したり、助けになろうとする気持ち、思いやり、様々な角度から物事を見ることのできる力を持っていることの方が社会に貢献できるとともに人間らしく生きられると言うのです。

ハリーポッターの作者ローリングも、

「想像力とは、最も変幻自在で驚くべき能力であり、想像力のおかげで、私たちは分かち合ったことのない他人の経験にも共感できるのです」

と語っています。科学、文学、芸術、企業、商売、生活の潤いなど、あらゆるものを支える土台として想像力は威力を発揮します。

そのような想像力育成のために、親は家庭で、どのようなことに気を付ければ良いのでしょうか。日常の生活の中に色々子どもを刺激するチャンスがありそうです。

◆五感（視覚、聴覚、嗅覚、味覚、触覚）を刺激する環境

音楽会、演劇鑑賞、美術館、図書館、家族団らん、外食、花を育てる、日曜大工、野菜作り、魚捕り、泥遊びなど。

◆色々なことに挑戦する機会

園芸、陶芸、魚釣り、キャンプ、バーベキュー、山登り、海、鉱物、昆虫、星座、探検、お化け屋敷、遊園地、スポーツ、習い事、旅行、祭りなど。

◆相手の立場を考える機会

自分がされて嫌なことは他人にしない。友だちと喧嘩した時がチャンス。様々な差別について考える機会を作る。インクルーシブ教育、いじめなど。

◆本を読む習慣を作る
伝記、偉人伝、歴史、科学、図鑑、ファンタジー、話題作、冒険物、探偵物、なぞなぞ、クイズなど。また、読み聞かせ、親子で創作物語を作るなど。

◆夢中になり没頭するものを持つ
星座、宇宙、石、植物、電車、絵画、自動車、飛行機、魚、埴輪、恐竜、昆虫、建築、城、戦、政治、旅行、海外、沖縄、山、スポーツなど。


以上のように様々な出会いがありそうですね。大人が決めて一方的に与えるのではなく子どもが楽しんで自ら出会える機会をつくるのが大人の役目です。

そして想像力を鍛えられた子どもたちは〝創造〟するというクリエイティブな力を身に付けて行くことが出来るようになります。内面で様々に想像されたものをアウトプットしたものが創造力として形を表すのです。

「夢見る想像力と形にする創造力」

と言われますが、未来を生きる彼や彼女たちには、ぜひ手に入れておいて欲しいアイテムだと思っています。

❀51　仲間と協力する姿勢

これからの時代に子どもたちに求められる大切な能力として〝協働性〟も注目されています。

「異なる強みを持つ多くの人が対等の立場で、ある目標の解決に向けて協力して成果をあげていく活動」

のことを指します。阪神淡路大震災や各地の災害、東日本大震災などでの世界各国からの支援や有志によるボランティア活動などで協働の力が成果を上げ大きな関心を集めました。

現在では、各自治体のパンフに協働の言葉を多く見るようになりました。

また、文部科学省の新しい指導指針に、

「主体性を持って多様な人々と協働して学ぶ態度」

とあり、大学入学者選抜試験にも大きな変化が現れています。調査書に代わって「主体性」「多様性」「協働性」の経験を記入・提出することを出願要件にする大学も増えているのです。

だとすれば、今の子どもたちには避けては通れない重大な課題と言えるでしょう。

協働性は、コミュニティの中での経験などで育まれるものです。子どもの身近なコミュニティは家庭ですから、幼児期から経験できる環境が作れると良いですね。

例えば、週末の予定を決める会話で「今週末はどこに行こうか?」と切り出したとき「どこに行くの?」と子どもに聞かれたら「どこに行きたい?」と発言を促しましょう。

保護者の方が主導権を握って全てを決めてしまうのではなく、お子さんも家族の一員として発言してもらうのです。ベネッセの『こどもちゃれんじすてっぷ通信（思考力強化コース）』5月号の「3つの力で伸ばす　子どもの自ら学ぶ意欲」という記事に私は、

・「子どもを巻き込む力」で主体的に考える力が伸びる。
・「子どもと楽しむ力」で興味の対象や好奇心が広がる。
・「子どもを待つ力」で自ら答えを見つける力が身につく。

の3つを日常生活で実践してみてくださいと書きました。

大人と同じ「目標」で「対等」に扱われ、自分の意見も取り入れてもらえたという喜びは、子どもに自信を持たせることに繋がり、他の人と協働して力強く生きて行く基礎となることでしょう。

さらに地域のコミュニティも活用したいものです。地域のイベントや祭礼などにも出来れば参加し、同じ地域の大人や先輩たちと交流するのも大きな刺激になり、社会の一端に触れるいい機会になります。また、親子でボランティア活動に参加するのも良いですね。

今後、学校でも協働性体験の授業が多くなることでしょう。そして将来、子どもたちが世界中の人々と協働して、地球温暖化、核廃絶、宇宙開発や海洋研究等に取り組み地球の危機を救うヒーローに育ってくれることを夢見ています。

52 「丁寧なコミュニケーション」十三の鉄則

卒園式や進級の日が近づいてきました。今年一年間は、コロナ禍で子どもたちの活動も大きく制約を受けてしまいましたが、子どもたちは元気一杯です。そして逞しく成長していることを実感として感じられる春です。

「園長の問わず語り」は今回が最終回となります。長くお付き合いいただきありがとうございました。この連載は、コロナ禍の中で偶然生まれた企画でした。私は常々三歳から七歳までの「子育て」が大切だと話してきました。この幼稚園の黄金時代を愛情に包まれ充実して過ごせた子は、未来飛躍への大きな力になると思っています。

連載の中で色々書いてきたので、「これは大変だ！」「出来るわけがない！」と思われた方もあるかも知れませんが、皆さんなら「大丈夫」です。今上手く行っているのなら「そのままで変える必要はない」のです。普段やっていることを少し振り返って見て、弱い部分を意識しておいてください。

以下に書いたのは、今まで述べてきた内容の集約と言える「丁寧なコミュニケーション十三の鉄則チェックシート」の項目です。

①「信頼関係を作る」→ラポール形成、信頼し合っている関係、親のことは信頼できる。
②「肯定的な言葉がけ」→命令されたら誰でも不快。「すごい」「できたね」「大丈夫」。
③「言葉を簡潔にする」→話す言葉はシンプルにして、曖昧な表現はしない。
④「一度に一つの指示を与えるようにする」→子どもの立場に立って。
⑤「ほめ言葉や感謝の言葉を効果的に使う」→「ありがとう」「助かる」「素敵」「最高」。
⑥「成功体験を増やす」→課題はスモールステップで。達成したらほめる。
⑦「表情や動作は単純明快にする」→言葉と態度は一致させて！
⑧「子どもが応答できるように時間を与える」→待つ力をつける。沈黙を恐れない。
⑨「言葉だけではなく、視覚的なヒントを付け加えるようにする」→絵や映像も有効。
⑩「できない課題には手助けを！」→はじめはできなくて当たり前。
⑪「子どもがやる気になる状況をつくる」→子どもの好きなことを話題にする。
⑫「必要に応じて毅然とした態度で指示に従わせる」→ダメなものは、ダメ！
⑬「必ず成功体験で終わらせる」→終わりよければ、全て良し。

いかがでしたか。ほとんど当たり前のことで普段から実践されていることばかりだと思います。時々、チェックしてみてください。

あとがき

園児たちはいつも元気に光り輝いています。こんなエネルギーがどこに秘められているのかと感心させられることばかりです。またさまざ〳〵なことに興味津々で、飽きることなく挑戦しています。このまま素直に伸びていってほしいと願わずにはいられません。

私は、中学・高校の教師を三十八年間していました。四十代の頃「親と教師の勉強会」を実施し、親から教えられることも多くありました。「もっと早く知っていれば」とか「周りのみんなも同じ悩みを抱えていたのだ」「仲間が増えて気が楽になった」などと親たちにも気づきが多く、子どもたちも徐々に変わっていきました。この勉強会は「第四八回読売教育賞優秀賞」を頂いた実践でしたが、この時私は「このような子どもとのていねいなコミュニケーション」に幼児期からとりくむことが出来れば、子どもたちをより応援できるのではないかと考えていました。しかし、なかなかその機会は訪れませんでした。

ところが縁あって六年前、幼稚園の園長を拝命しました。これこそ天の配剤と喜び勇んで保護者会や懇談会、他園での研修会など機会あるごとに若い保護者や保育者の皆さんに「丁寧なコミュニケーション」について話してきました。

しかし、コロナ禍で直接保護者に語る機会がなくなってしまいました。そのような中、本園では〝Google Classroom〟にて、保護者に一週間に二回のペースで子育て支援のメッセージを配信していくことになりました。

その内容も五十回以上に及び、本園だけではなく子育て中の多くの方にも読んでもらえればと考え、児童向け図書を多く出版されている「銀の鈴社」に相談すると、快く出版を引き受けて下さいました。有難いことです。一人でも多くの方々に手にとっていただき、子育てを楽しんでいただく参考になればと願っています。

（二〇二一年　盛夏）

著者紹介

川合　正

1950 年三重県生まれ。
学校法人東洋大学京北幼稚園園長
北豊島学園（幼・中・高・通信・専）　理事
京北中学高等学校、京北学園白山高等学校の元校長。
東洋大学文学部非常勤講師として教員養成に 15 年間携わるとともに、東京私学教育研究所をはじめ各地の教育委員会や幼・小・中・高教員研修、保護者会など全国で活動。
『男の子がやる気になる子育て』（かんき出版刊）『未来を支える君たちへ』『動ける子にする育て方』（２冊は晶文社刊）など教育関係書籍や論文も多数。

画家紹介

つるみ ゆき

東京生まれ。東京学芸大学美術科卒　日本児童出版美術家連盟会員
絵本に『ふしぎなオルゴール』『ゆうやけいろのくま』（至光社）『みんなのせいげき』『もりのせいかたい』（サンパウロ）などがある。

NDC 376
神奈川　銀の鈴社　2021
156頁　18.8cm（いいこと探しは魔法の言葉――園長の問わず語り――）

本書収載作品を転載、その他利用する場合は、著者と銀の鈴社著作権部までおしらせください。
購入者以外の第三者による本書の電子複製は認められておりません。

銀鈴叢書　　2021年10月 4 日初版発行
本体1,500円＋税

いいこと探しは魔法の言葉
――園長の問わず語り――

著　　者　川合　正©　　絵・つるみ ゆき©
発 行 者　西野大介
編集発行　㈱銀の鈴社 TEL 0467-61-1930　FAX 0467-61-1931
〒248-0017
神奈川県鎌倉市佐助1-18-21
万葉野の花庵
https://www.ginsuzu.com
E-mail info@ginsuzu.com

ISBN978-4-86618-121-9 C0095
落丁・乱丁本はお取り替え致します

印　刷　電算印刷
製　本　渋谷文泉閣

JN090362

句集

やさしきひと

諏佐英莉

文學の森

序

石川裕子

この本を読む方は、このなくもがなの数頁の後、現在の諏佐さんの瑞々しい俳句に出会うことになります（一部、私にも覚えのある高校時代の句もあります）。その鑑賞を深めるような何ほどのことばも私には持ち合わせがありません。そこで、本文にはない彼女の何作品かを紹介することで、本文の「おまけ」とさせていただきたいと思います。

諏佐さんと私が関わっていたのは、彼女が高校生の時、文芸部

（正確には「書道文芸部」という名称でした）の顧問と部員という関係でした。彼女が愛知県立幸田高等学校に入学してきたのは、私が前任の顧問から部を引き継いで二年目、文芸部は俳句甲子園や全国高等学校総合文化祭に参加するようになっていましたが、前任者の転勤によって顧問を引き継ぐことになった私ときたら、俳句についてはまるで素人で、初めて生徒を引率した第六回俳句甲子園では、審査の先生に「五七五の間にはスペースを空けない」ということを指導されたことが今でも忘れられません。

当時の彼女について覚えていることは、ソフトボール部と兼部していたこと、二年生の時に愛知県の高校生のコンクールの俳句部門で一席となり、翌年の全国高等学校総合文化祭の代表生徒となって弘前に引率したこと、その時に他に選択肢がなく、駅前の店であんかけスパゲティを食べたけど、なぜ青森まできて「名古屋めし」のあんかけスパの店に入らないといけないのだろうと思ったこと（これは私の個人的な思い出）、「総文祭」の日程は本来二泊三日だったのですが、ソフトボール部の試合のために、一日早く切り上げて、俳句部門の講師をしてくださった池田澄子先生が俳句甲子園の対策の話をしてくださるのを伺えずに帰ったこと、などなどありますが、そんな中でも特に、当時彼女が俳句を整理するのに使っていた紙ファイルに三橋鷹女の〈鞦韆は漕ぐべし愛は奪ふべし〉を書いていたことを印象深く覚えています。

諏佐さんは高校時代から上手い俳句を詠む人だったという印象を持っていたのですが、今、この文章を書くために当時の文芸部の部誌を見返してみると、やはり高校の三年間に自分の俳句のスタイルを作りつつ上達していったのだと分かります。高校卒業後、文芸や俳句の世界から遠のく部員の多い中、諏佐さんは地元の大学に通いながら、東京まで出向いては句会などに参加していたので、無論上達を続けていったわけですが、十代の柔軟性なのでしょうか、諏佐さんに限らず、高校三年間の生徒の成長にはいつも驚かされました。

以下、いくつかの句をあげますが、（本書）としたもののほかは、諏佐さんの高校在学中の句です（高校時の句で本書に収録されているものは（＊本書）と表記しました）。

高校一年生の時の部誌には、まだ、〈暑さ染みノート埋まらぬ六限目〉のような初心者っぽい句も見られますが、だんだんと本書にも通じる諏佐さんらしさが見られるようになります。

二年次の部誌から、

くせっ毛に土の匂いの捕虫網
肯定も否定もしない春の宵
不在着信二件あり聖誕祭

「くせっ毛」の句は素直に読めば、土の匂いがするのは捕虫網でしょうが、夢中になって捕虫網を振るったこの子の髪からも土の匂いがしそうです。この「匂い」の感覚はこれも高校在学当時の作品である、

二の腕に火薬の匂ひ宵祭（＊本書）

につながります。諏佐さんの句の当時から印象的であった特徴の一つに皮膚感覚の鋭さがあります。これは先に挙げた「くせっ毛に土の匂い」や「二の腕に火薬の匂ひ」などにも読み取れますが、二年次に全国高等学校文芸コンクールで優秀賞を得た、

片耳に開けしピアスの凍てつく夜

の句も思い出します。「ピアス」に視覚ではなく「凍てつく」冷たさを詠もうとする感性は、

前脚に肉のすくなき孕猫（＊本書）
鶏肉の掌に冷たくて秋の暮（＊本書）

など、孕猫の前脚に肉の少なさを、鶏肉に冷たさを見るところにもつながるのではないでしょうか。

また、「肯定も否定もしない」に見られる観念の扱いは、

月 冴 え て 偶 然 を 運 命 と 読 む（＊本書）

なども通じるかもしれません。「月冴えて」の句も、私にも覚えのある高校在学中の句です。

高校三年次に第八回神奈川大学全国高校生俳句大賞の最優秀賞を受賞した、

サボテンや対物レンズ越しの世界

や前の「不在着信二件あり」に見られる魅力的な句跨がりのリズムは、本書の句にも見られます。

三年次の部誌から、

やさしくはできないけれどばらのつぼみ

歩 け ど も 此 処 は 地 球 で 夏 の 果

炎昼や先生宇宙語を話す
本当の自分は壜に夏の月
ひとの名を書いては消して無月かな

これらの句のいくつかに見られる、俳句ではなかなか難しい「感情」の扱いようも、本書の句につながっていくように思われます。

最後にごく個人的な感慨を述べることを許していただければ、諏佐さんの北斗賞受賞は、この稿の執筆を通じて久しぶりに彼女と会う機会を与えてくれました。そのことは、かつて顧問として関わった生徒の受賞ということに加えて、私に喜びをもたらしてくれることでした。

令和元年五月

やさしきひと＊目次

装丁　吉岡輝起

句集

やさしきひと

黄色

そのプリンわたしのプリン春の昼

春の風どの角度から見ても猫

春浅し隣の席の人休む

くちびるを触る癖ありリラの花

泣き虫のポケットに入れてやる土筆

奇術師の指はあちらへ曲がる春

いい匂ひしてゐるあの子春満月
桜草パジャマのボタン掛け違ふ

ともだちはすくなくていいヒヤシンス

夏めくや黄色の絵の具買ひ足せば

はつなつや人間になりさうな猫

臆病な猫の鈴の音五月闇

ストローを曲げずに飲んでソーダ水
ストローで氷吸ひ出すやうに愛

夏休み内緒話をしたがる子

死因はつきりしない金魚を弔ひぬ

ポケットになんでも入れる大夏野

うそつきの頭に植ゑてやる糸瓜

小鳥来る校庭に女子ちらばりぬ

校庭にフラフープ落ち天高し

大勢で心理テストや秋うらら

秋声やパントマイムの壁叩く

折り紙の金色使ふ夜長かな

初雪や缶いつぱいにチョコレート

冬鳥や水泳教室の友達

雪晴やぬりゑの輪郭線太く

寿司になるならサーモンや日向ぼこ

凍星やぬひぐるみに硬き目玉

桜餅どうしようもなくて笑ふ

春分の日なみなみに切れるはさみ

噂やおそろひで買ふシャープペン

反省文

教科書のアンダーライン蕗の薹

右利きにやさしき世界花曇

ストローのあつちを向いて春の月

春眠や木彫りの熊のささくれて

失恋ややどかりにややどかりの夜

定刻を二分過ぎをり春の月

パンジーや毒のやうなる菓子を食ふ

勢ひと大声のギャグ春暑し

はつなつや三塁線へ飛ぶ打球

廃刊の少年誌かな花葡萄

聞こえてるふりの上手な夏みかん

夕立や足首ほそき少女像

カラオケの椅子やはらかく濃紫陽花

鉄棒に尻乗せてゐる桜桃忌

南風メール送信せず眠る

赦さるる罪もありけり髪洗ふ

かたつむり通つた跡や失恋す

二の腕に火薬の匂ひ宵祭

友達の友達が来た心太

ゴミで押すゴミ箱のゴミ夏の果

ふくらみのすくなき胸や広島忌

朝食に飲むヨーグルト秋思かな

林檎丁寧に剝くやさしくなれず

林檎八等分したる孤独かな

秋の暮狂つた色の菓子の箱

噓つけば噓の返つてくる夜長

秋の暮逆接多き反省文

ひとの名を書いては消して無月かな

胡桃割る中に宝石あるごとく

サイレンの音が止むとき天高し

木犀や「どちらともいえない」に○

椋鳥やあの子の彼氏だから好き

冬めくや牛乳瓶の底厚く

食ひかけのスナック菓子や冬の星

海老にわた人にかなしみ星冴ゆる

冬銀河手を繋ぐ理由が要るか

味のないガム吐き出して聖夜かな

月冴えて偶然を運命と読む

冬眠のけもの起こさぬやうに泣く

山茶花や小銭で買へる髪飾り

似顔絵を描かれるために取るマスク

卒業や蹴られたさうな小石蹴る

素泊

吊り革を摑まぬひとや春浅し

ロボットにできる仕事や春の雪

前脚に肉のすくなき孕猫

地下道の壁画の猫や水温む

誘はれて春のゴリラを見にゆかむ
花冷の象舎に寄らず帰りけり

恋猫やネックレス絡まつてをり

花馬酔木だれも降りない駅の夜

ピアスホール閉ぢてしまへり啄木忌

ゆふざくら片膝立てて食ふカレー

溶け残る砂糖のやうな春愁

なぞなぞの答は〈人間〉春の夢

素泊

花林檎まづは名前を褒めにけり

春雷やカーテンが床に触れさう

絶望す永日の椅子に曲線

終電の改札を出る修司の忌

青梅の匂ひて髪を高く結ふ

万緑やかたきＪＲの座席

素泊やシーツに波のやうな皺

不器用なひとを愛すやかき氷

ふたりゐてふたつの孤独大夏野

海の日やYouTuberの狭き部屋

素　泊

常温のバナナどうでもいい喧嘩

帰宅して五分で作る夏料理

相槌のやうに抱かれて扇風機

マニキュアの蓋開いてゐる熱帯夜

手と手触るるほどの距離の薄暑かな

愛されずグラスの底のさくらんぼ

トマト煮て愛の終はりのやうな物

会ふときの表情をして花氷

片耳のイヤホン外す炎暑かな

向日葵やいつでも会へるひとに会ふ

ハンドルにヘルメット提げ墓参

声になり嘘になりゆく曼珠沙華

星月夜砂丘に残す足の跡
このひとは恋人未満鶏頭花

素　泊

秋麗やかばが水から出てこない

流星や棄てられて傘ならぬ物

今日買つて明日着る服秋うらら

爪切りにゆるき曲線秋時雨

流星と缶チューハイを買ひにけり

無花果や黒猫の振り返らずに

履歴書に真面目と書いて虫の秋

橙ややさしきひとにやさしくす

爽やかにカーステレオの音しづか

秋暑し面接官のシャツが派手

秋晴やバランスボール跳ね返る

秋の夜やヨガスクールの床の艶

秋澄むやペットボトルに唇《くち》寄せて

冬晴や臨時停車の駅過ぎて

往来のすくなき駅や冬薔薇

着ぶくれて人に言ひたき罪ありや

純喫茶珈琲野郎冬ざるる

凍星や鈍行列車に乗り換へる

極月の手に硬き骨軟き骨

冬ざれや新しい歯ぶらしに水

足と足触れて謝ること たつかな

今日死ねば今日が命日毛糸編む

寒夕焼

初夢の登場人物みな笑ふ

おもしろきこと何もなき雑煮かな

早春や啞へ煙草の作業員

特売の豚バラ買つてバレンタイン

あぶらげの油抜きけり春の昼

レシートをまとめて捨てる万愚節

春分や洗濯ばさみ買ひ替へる

春の闇アイロン台の脚折れば

あたたかし花のかたちの名札かな

母からの電話の予感すみれ草

押しやすきエンターキーや春愁

絵本まづ献辞ありけり聖五月

美容師の大きなピアス夏きざす

桜桃忌天つゆに天ぷら浸す

大声で泣く少年の日焼かな

大夏野また立ち上がる男の子

紙袋いつぱいにパン大夕焼

河童忌の靴底薄くなりにけり

椅子買つて椅子のある部屋大西日

夏の夜の茶碗にこびりつく卵

向日葵やくちびる薄き新生児

路駐して無人販売所の西瓜

原爆忌観葉植物手のかたち

終戦日はちみつ瓶にとぷと匙

終戦日ミルに胡椒の挽かれゆく

鰯雲切手をきりはなすちから

網棚に手荷物を置く桃を抱く

憎きひと思ひつつ切る水蜜桃

しやつくりのとまらぬひとと案山子かな

秋分や歯磨き粉なみなみのせて

薬飲み忘れて来たる花野かな

正面を見て話す子や花カンナ

良夜なり妊娠検査薬買つて

思ふより軽き胎児や天の川

ゆびさきの塩舐め取つて秋思かな

胎内に胎内の音梨を食ふ

鶏肉の掌に冷たくて秋の暮

やや寒のトラック運転手の仮眠

うどん屋のぬるきお冷や初紅葉

冬の虹虚言癖あるたこ焼き屋

張紙の角剝がれをり憂国忌

客引きの男女じやれあふ冬満月

寒夕焼となりにだれがゐようとも
かなしみの容れ物となり寒鴉

聖誕祭サプリメントの壜並べ

絵葉書に消印うすくクリスマス

寒夕焼

醬油注し顔のやうなり冬温し

胎動の暫く止まず冬の海

卵から生まれたかつた寒牡丹

あとがき

俳句を作るとき、記憶の中の風景や感覚から作ることがしばしばある。記憶たちはなぜかとても鮮明で、たった今それを体感しているかのようにつるりと俳句になっていく。幼少期の記憶から作った句で主に構成した【黄色】、思春期の【反省文】、青年期の【素泊】、そしてごく最近の事柄を詠んだ【寒夕焼】の四章から成るこの句集には、匂いそうなほど私自身が存在している。

十六歳で俳句を始めて、数年の空白がありつつ、三十二歳現在まで俳句を続けてきた。句集を編むにあたり一八〇句をかき集め、案外、悪くないと思った。私は俳句をやめないだろう。

令和元年九月

諏佐英莉

著者略歴

諏佐英莉（すさ・えり）

1987年愛知県生まれ、愛知県在住。無所属
第９回鬼貫青春俳句大賞優秀賞、第９回北斗賞受賞

連絡先　E-mail：susaeri.0619@gmail.com

句集　やさしきひと

発　行　令和元年十二月十五日
著　者　諏佐英莉
発行者　姜　琪　東
発行所　株式会社　文學の森
〒一六九-〇〇七五
東京都新宿区高田馬場二-一-二　田島ビル八階
tel 03-5292-9188　fax 03-5292-9199
e-mail mori@bungak.com
ホームページ http://www.bungak.com
印刷・製本　有限会社青雲印刷
©Eri Susa 2019, Printed in Japan
ISBN978-4-86438-840-5　C0092
落丁・乱丁本はお取替えいたします。